## スイメックスによる
AQUATIC THERAPY PROTOCOLS with SWIMEX
## アクアセラピープロトコル

**葛原憲治**

編著

唯学書房

# ◆ 目　次 ◆

## 第1章 アクアエクササイズの特性　5
### 1 ◆ 水の特性 …… 5
### 2 ◆ アクアエクササイズの科学的根拠とその応用 …… 7

## 第2章 スイメックスの流水プール　13
### 1 ◆ スイメックスの特徴 …… 13
### 2 ◆ スイメックスの利用実績 …… 15

## 第3章 上肢プロトコル　17
### 1 ◆ インピンジメント症候群のための臨床プロトコル …… 17
### 2 ◆ 肩関節前方脱臼のための臨床プロトコル …… 24
### 3 ◆ ローテーターカフ修復術（5cm以内）リハビリテーションのための臨床プロトコル …… 32
### 4 ◆ 上肢の柔軟性改善のプロトコル …… 42
### 5 ◆ 上肢の固有感覚受容器のプロトコル …… 49
### 6 ◆ 上肢の筋力強化のプロトコル …… 52

## 第4章 下肢プロトコル　59

- 1. 膝関節内視鏡下手術（半月板切除、創面切除、ヒダ切除）リハビリテーションのための臨床プロトコル …… 59
- 2. 膝関節内側側副靱帯損傷（MCLグレード1）のための臨床プロトコル …… 70
- 3. 膝関節内側側副靱帯損傷（グレード2）のための臨床プロトコル …… 79
- 4. 膝関節前十字靭帯（ACL）の再建手術リハビリテーションのための臨床プロトコル …… 89
- 5. 足関節捻挫のための臨床プロトコル …… 101
- 6. 下肢の柔軟性改善のプロトコル …… 112
- 7. 下肢の筋力強化のプロトコル …… 121

## 第5章 体幹プロトコル　129

- 1. 胸椎・腰椎の捻挫および筋挫傷のための臨床プロトコル …… 129
- 2. 急性腰椎椎間板ヘルニアのための臨床プロトコル …… 140
- 3. 頸椎の捻挫および筋挫傷のための臨床プロトコル …… 148
- 4. 腰椎分離症とすべり症のための臨床プロトコル …… 156

参考文献 …… 165
あとがき …… 169

*Exceptional Resistance Pools for Exercise, Conditioning & Rehabilitation*

# 第1章 アクアエクササイズの特性

## 1 ◆ 水の特性

　身体を水中に浸水させることで、二つの生理学的な効果が見られる。一つは、即効性のある効果ともう一つは遅発性の効果である。アクアエクササイズによる利点は、リラクゼーション、血液循環の増進、疼痛や筋スパズムの抑制、関節可動域の向上、荷重負荷の軽減、心理的な安心感などがある。筋骨格系障害、神経系障害、心肺機能障害などに対する水利用に際しては、水の特性に関する十分な知識と理解が必要である。

### （1）浮力

　浮力は、重力による下向きの力を相殺することによって水中に沈んでいる身体を支える[1]（図1）。水中に身体が沈むと、その身体が置換した重さと同量の水の重さ分だけ軽くなるため、骨、筋、そして周辺組織に対するストレスや圧力を軽減させることができる。水中に直立した場合の水深と荷重負荷の割合は表1の通りである[2]。
　浮力は、関節の荷重負荷を減少させるだけでなく、水中における運動に対し介助（assist）、抵抗（resist）、または支持（support）を行う。四肢を水中から水面の方向に動かす場合、浮力は動作を介助する力となる。一方、四肢を水面から水中の方向に動かす場合、浮力は動作に対して抵抗力となり、そして、水面と平行方向に動かす場合、浮力は動作の支持力として働く。例えば、骨盤

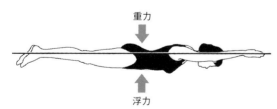

図1　浮力と重力の関係
（出所）Bates & Hanson, 1996 より引用

表1　水深による荷重負荷の割合

| 水深 | 解剖学的名称 | 女性 | 男性 |
|---|---|---|---|
| 頸部 | 第7頸椎 | 8% | 8% |
| 胸部 | 剣状突起 | 28% | 35% |
| 臀部 | 上前腸骨棘（ASIS） | 47% | 54% |

を骨折した場合、その部位は荷重負荷の下であれば何週間も不安定な状態になるが、浸水した場合、浮力によりその部位の荷重負荷が部分的に、あるいは完全になくなるため自動的な関節可動域エクササイズ、低負荷による筋力強化、歩行練習などが可能となる[3]。

## （2）浮心

　トルクとはある力とその力が作用する距離の積である。人間の動作は、関節軸の周りにおける回転運動として起こっている。陸上では、重心（COG）が回転運動の重要な解剖学的な中心であり、通常は第2仙椎（臍部付近）に位置する。この重心は実際には全ての身体部位の重心の集合であり、身体の密度に対しては均一ではない。しかし、浮心（COB）は全ての浮力の中心と定義され、通常は胸部中央にある。重心と浮心が同一垂直線上にある場合は、身体には垂直方向の力（比重）のみ作用する。一方、重心と浮心が同一垂直線上にない場合は、回転力が浮心の周りに発生する。この力は水平変移と定義され、浮力の回転効果とも言われる。

## （3）比重と密度

　密度とは単位体積あたりの重量と定義され、$kg/m^3$の単位で表示される。それぞれの物質は個別の比重、あるいは水に対する相対的な密度としても表示される。水の比重は摂氏4度において1と定義されている。比重が1の物体は水に浮き、1以上の物体は沈む。人体の比重は0.974前後であり、そのために身体が置換した水の重量の方が大きく、身体に上向きの推進力（浮力）が働く[3]。人体の比重は骨や筋肉が多いと大きく、脂肪が多いと小さい。通常、女性より男性の方が、比重が大きい。また、筋肉質でがっちりしたタイプの男性において、比重は1より大きい傾向にあり、肥満タイプの男性は1より小さい傾向にある[3]。浮力と比重は、アクアエクササイズにおいて体位と姿勢制御に大きな影響を及ぼす。

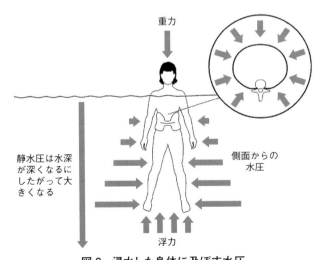

**図2　浸水した身体に及ぼす水圧**
（出所）Bates & Hanson, 1996 より引用

## （4）静水圧

静水圧とは、水によって浸水した身体に作用する圧力のことをいう（図2）。この力は全ての方向に均一であり、水深と水の密度に比例し、静脈血圧を増大することで心血管系機能を高め、静脈還流を増大する。また、静水圧効果による心拍出量の増大によって、水中での心拍数は陸上と比べて低下し、胸部までの水深では9.3～21.2拍／分まで低下する[4]。さらに、静水圧は傷害部位の浮腫を消散させる効果も考えられる[3]。

## （5）比熱と水温

比熱とは、物質の温度を1度上昇するのに必要な熱量である。水は熱を良く伝える物質であり、その熱伝導率は空気の25倍である[3]。水温は、伝導、対流、放射により人体の心臓系、呼吸器系、および筋肉系に影響を及ぼし、水温が体温より高ければ、熱は身体に移動し、組織の温度を上昇させる。熱移動が発生しない中立状態である33.5度から35.5度の範囲を不感温度（中立温度）といい、この水温で浸水すると、直腸温や基礎代謝率は変化しない[4]。アクアエクササイズの目的に応じた水温は表2の通りである[3]。

# 2 アクアエクササイズの科学的根拠とその応用

## （1）アクアエクササイズの筋電図的分析

水中（剣状突起レベルの深さ）でのウォーキングにおける下肢（大殿筋、大腿直筋、内側広筋、大腿二頭筋、前脛骨筋、腓腹筋、ヒラメ筋）および体幹筋群（腹直筋、脊柱起立筋）の筋電図的分析を行ったところ、陸上でのウォーキングに比べて、筋活動が有意に低かったことが報告されている[5]。この場合のアクアウォーキングのスピードは、エネルギー消費量を同等にするために陸上でのウォー

表2　アクアセラピーの目的に応じた水温

| 目的 | 冷たい（10～15度） | 少し冷たい（26～29.5度） | 中立温度（33.5～35.5度） | 暖かい（36～38.5度） | かなり暖かい（37.5～41度） |
|---|---|---|---|---|---|
| 運動後のリカバリー | ○ | | | | |
| 交代浴 | ○ | | | ○ | ○ |
| 激しいエクササイズ | | ○ | | | |
| 関節炎のためのエクササイズ | | | ○ | | |
| 典型的なアクアセラピー | | | ○ | | |
| 心臓のリハビリ | | | ○ | | |
| 多発性硬化症のエクササイズ | | ○ | | | |
| 脊椎損傷プログラム | | | ○ | | |
| パーキンソン病プログラム | | | ○ | | |
| リラクゼーション | | | | ○ | ○ |

（出所）Becker, B. E. *PM R* 2009より引用

キングのスピードの 1/2 に設定されている。さらに、流水に対抗してウォーキングをした場合と流水がない場合では、流水に対抗した場合の方が筋活動は高くなるが、いずれの場合も陸上でのウォーキングよりも筋活動は低いことが明らかとなった。この原因は、水の特性である浮力の影響により重力や体重が軽減されたことで、筋紡錘をはじめとする様々な固有感覚受容器の感度が影響を及ぼしていることが考えられる。

アクアウォーキング（剣状突起レベルの深さ）と陸上でのウォーキングを同じスピードで行った場合、筋活動レベルは大きく異なり、アクアウォーキングにおける下肢筋群の筋活動は、陸上でのウォーキングの場合より有意に高くなり、運動強度が高くなることがわかる[6]。それに伴って、アクアウォーキングにおける歩行リズムは、陸上でのウォーキングに比べて有意に遅くなり、なおかつ歩幅は有意に大きくなる。

足がつかない深水では、アクアジョガーなどの浮遊具を装着してエクササイズを行う場合が多い。そのような深水でのアクアランニングにおいて、下肢筋群の筋活動はアクアウォーキングや陸上でのウォーキングに比べて大きく異なり、下腿三頭筋の筋活動は有意に低く、大腿二頭筋の筋活動は有意に高かったことが報告されている[7]。この筋活動の特徴は、浮遊具により足がプール底に接地しないことで底面との摩擦力が生じていないこと、また、水中でのランニング動作において膝関節の屈曲と股関節の伸展動作が共に大きいことが影響を及ぼしていると考えられる。

## （2）水深の効果

水深によって主観的運動強度は影響を及ぼしている。臀部まで浸水した状態でアクアエクササイズした場合、胸部まで浸水した場合と比べて主観的運動強度は高い[8]。これは下肢の動作によって発生する抵抗力の増大や浮力による地面に対する反力の増大などによって影響を及ぼす。

筋活動レベルから見ると、剣状突起レベルの浸水でアクアウォーキングをした場合は陸上でのウォーキングより下肢や体幹筋群の筋活動が低い[5]が、臍レベルの浸水では、陸上でのウォーキングより脊柱起立筋の筋活動が高く、大腿直筋の筋活動は同等のレベルあるいはより高かったことが報告されている[9]。したがって、身体部位の浸水状態が深くなるに従って、筋活動レベルが低下し運動強度が低下すること、さらに、浸水の深さが臀部から胸部へと深くなるに伴って、心拍数、最大酸素摂取量、エネルギー消費量も低下する[8]ことから、安全にリハビリテーションやレクリエーション目的でアクアエクササイズを活用することができると考えられる。

## （3）アクアエクササイズの生理学的適応

心肺機能および代謝適応として、8〜12週間のエクササイズプログラムを実施した場合、浮遊具を用いた深水でのアクアランニング[10]や浅水でのウォーキングやダンスを含めたアクアエクササイズプログラム[11、12、13]は最大酸素摂取量（$\dot{V}O_2max$）が有意に向上したことが明らかとなった。アクアエクササイズ後の安静時の心拍数は低下し、血圧は変化がなかった[10、13]。

ところが、近年、アクアウォーキングの血圧効果を検討した研究によると、運動習慣がない通常血圧の女性を対象に、アクアウォーキング後の60分経過後に、安静時より収縮期血圧が11mmHg、拡張期血圧が7mmHg、動脈血圧が8mmHg低下したことを報告している[14]。また、運動習慣が

ある通常血圧の女性の場合は、アクアウォーキング後の60分経過後に、安静時より収縮期血圧のみが11mmHg低下した。これらの結果からアクアウォーキングは、陸上でのウォーキングに比べて、交感神経活動の低下やカテコールアミンの分泌抑制などの影響を及ぼしており、胸部までの水深によるアクアウォーキングを実施することで血圧低下効果があることが指摘されている。

筋力の適応として、8週間（週3日）[15, 16]、10週間（週2～3日）[17]、12週間（週2～3日）[11, 13, 18]のアクアエクササイズプログラムをそれぞれ実施した場合、有意な筋力の向上が認められた。アクアエクササイズ後の筋力評価をする上で、アイソキネティックマシンによる評価がなされ、Poyhonenらの報告[17]では、膝伸展トルクが6.4～7.4%、膝屈曲トルクが8.0～13.2%の向上を示し、Tsourlouらの報告[19]では、膝伸展トルクが10.5%、膝屈曲トルクが13.4%の向上を示した。また、健康な高齢者を対象とした場合、24週間のアクアエクササイズプログラムにおいて、有意に筋力が向上した[19, 20]。

アクアエクササイズを実施する際に、多くのインストラクターはウォームアップ後に水中でストレッチングをすることなく、心肺機能系のコンディショニングやトレーニングに移行し実施することが多い。しかしながら、水の特性により関節の柔軟性の増大が引き起こされることから、本来であればウォームアップ後にストレッチングを実施することが望ましい。この点に関して、24週間のアクアエクササイズ実施前後にシット＆リーチテストを実施し、柔軟性の変化を検証したところ、有酸素系とレジスタンスエクササイズを含めたプログラム[19]では11.6%、水中で用具を用いたレジスタンスプログラム[20]では27.9%の有意な柔軟性の向上が認められた。ただし、これらの研究の対象は高齢者であることから、活動的な若者やアスリートを対象としたデータではないので今後さらなる検証をする必要がある。

アクアエクササイズにおいて、身体組成が変化するためには8週間以上のプログラムを行うことが重要なポイントになっている[4]。実際に、8週間プログラム（週3日）において胸部と腹部の皮下脂肪厚が有意に減少したことが報告されている[15]。また、さらに長い期間である10週間プログラムにおいて体脂肪量が2.6%減少し[21]、12週間プログラムにおいて皮下脂肪厚が8%減少し[11]、24週間のプログラムにおいて体脂肪量が4.0～14.6%減少し[20, 22]、それぞれ有意な低下を示したことが報告されている。

## （4）心血管および心肺機能のリハビリ

心臓疾患を持っている患者にとって、アクアセラピーは禁忌であった。最近の研究[3]によると、軽度から中程度の心臓疾患の患者であれば、中立温度におけるアクアセラピーは有用であることが明らかとなった。しかしながら、うっ血性心不全やごく最近に心筋梗塞になった患者にとっては、熱い湯への入浴やアクアセラピーは禁忌である。

## （5）筋骨格のリハビリ

浸水による水圧効果により静脈瘤を持つ患者の主観的疼痛および浮腫に関して、有意に改善したことが報告されていることから[3]、スポーツ傷害の急性期の症状である痛み、腫れ、浮腫を改善することが可能である。また、アクアエクササイズは、浮力により関節への荷重負荷を変えるこ

とが可能である。例えば、下肢傷害である脛骨疲労骨折の場合、荷重ゼロの水深でリハビリテーションを開始し、痛みのない範囲で実施でき、さらに、症状に応じて水深や荷重を段階的に変えることができる[3]。傷害の患部を浸水させると、感覚のオーバーフローにより痛みの閾値が拡大し、痛みが軽減できる。また、上肢のリハビリテーションにおいても、水中で受動的ストレッチをはじめ、段階的な抵抗運動や機能的な動作パターンを実施することができる[23]。

腰痛のリハビリテーションにおいても、水中でのアクアエクササイズでは脊柱がより保護され、早期のリハビリテーションが実施可能である[24]。さらに、妊娠に関連する腰痛に関しても、脊柱が安定するアクアエクササイズは有効であり[25]、慣例的なプールの水温で胸部あるいはそれより深い水深で実施されるアクアエクササイズは、妊婦にとって安全であることが報告されている[3]。アクアエクササイズは、関節炎や線維筋痛症を持っている患者にも適用され、関節の可動性や痛みの軽減が見られることが報告されている[3]。

## （6）高齢者および肥満者のリハビリ

高齢者は転倒のリスクを抱えており、転倒リスクを軽減するためにはバランスやコーディネーションの重要性が指摘されている。深水でのランニングエクササイズを実施することで、バランス動揺性が有意に改善し、反応時間や動作スピードも同様に改善したことが報告されている[26]。下肢の関節炎を持っている高齢者に対して、6週間のアクアエクササイズを実施したところ、姿勢動揺が18〜30％有意に低下したことが明らかとなった[27]。そこで、Melzerら[28]は、姿勢動揺や歩行時のステップ反応時間を改善するための具体的なアクアエクササイズのプロトコルを提案している。このプロトコルは、水中でヌードルなどの浮遊具の上で、両足あるいは片足によるバランスエクササイズやウォーキングをするなど、5段階のレベルによって週2日の12週間実施するプログラムであり、歩行時の反応時間やスピード、さらにはバランス能力の改善が期待できる。

肥満者を対象として、陸上での有酸素エクササイズと水泳グループおよび水中ウォーキンググループにおいて13週間のプログラムの比較検討を行ったところ、グループ間の有意差は認められず、どのグループでも体重と体脂肪率の低下が見られたことが報告されている[29]。しかしながら、肥満者にとって、浸水することによる浮力効果は、関節に対する負荷を大幅に軽減できることで最も安全で予防的な環境である[3]。したがって、肥満者のリハビリテーションにおいて、アクアエクササイズの方が陸上でのエクササイズより適していると考えられる。

## （7）アスレティックトレーニング

水中ランニングは、フィットネスレベルの高い選手における心肺機能の維持のためには、陸上でのランニングと同等の効果が得られる[30,31]。ただし、陸上でのランニングの場合とトレーニング強度と頻度が同様である必要がある。普段運動経験のない人の場合には、アクアエクササイズによって$\dot{V}O_2max$の増加が認められる[32]。したがって、アクアエクササイズプログラムは、傷害からのリカバリーにおいて傷害部位から余分なストレスを軽減しながら有酸素的コンディショニングを維持あるいは強化することが可能である。また、多くのスポーツにおけるクロストレーニ

ングとして、陸上での強化トレーニング中に発生しうる関節や骨への微細な外傷ストレスや筋肉痛を軽減しながら有酸素的なフィットネスレベルを維持あるいは強化することが可能である。例えば、バレーボールチームにおいて、週3日の12週間（1回のセッションは90分）のアクアトレーニングと陸上でのトレーニングの効果を検証したところ、アクアトレーニングのグループの方が、スピード、持久力、瞬発力の全ての測定項目において有意に向上したことを報告している[33]。このようにクロストレーニングとして、それぞれのスポーツの競技特性を考慮したアクアエクササイズを実施すれば、十分に強化ができることがわかる。

　プライオメトリックトレーニングは、関節や筋群に非常にストレスの大きいエクササイズである。このエクササイズを水中で行った場合と陸上で行った場合の違いを検証した結果、水中でのプライオメトリックトレーニングは、陸上で行った場合と同様の効果があることが明らかとなった[34]。したがって、通常のトレーニングにおいて、関節や筋群へのストレスを軽減したい場合には、バリエーションとして水中でのプライオメトリックトレーニングを選択することは、選手にとって非常に有益であると考えられる。

　遅発性筋肉痛のリカバリー方法として、マッサージ、アイシング、ストレッチを始めとし、ワールプール（渦流浴）、アイスバスやホットバスを含む水治療もスポーツ現場で活用されてきた。しかしながら、いずれの方法も賛否両論あり[35, 36, 37, 38]、まだまだ科学的根拠に乏しい。近年、遅発性筋肉痛のリカバリーとして、水治療による効果が明らかにされてきた[39, 40, 41]。冷たいワールプールと交代浴は遅発性筋肉痛の痛みを軽減し[42]、さらに交代浴はクレアチンキナーゼの回復度合いを有意に改善したことが示されている[40]。水治療の方法は様々であり、冷たいウォーターバス（10～12度）に5分間を1セット浸かるプロトコル[40]や5分間を2セット浸かるプロトコル（セット間のインターバルは2.5分）[41]が用いられ、異なるプロトコルによる研究結果の違いが見られるものの、水治療によるリカバリー効果が認められている。交代浴に関して、Webbら[40]は、冷たいウォーターバス（8～10度）に1分間浸かり、次に暖かいホットバス（40～42度）に2分間浸かることを3セット実施するプロトコルを用いており、一方、Higginsら[41]は、冷たいウォーターバス（10～12度）と暖かいホットバス（38～40度）に1分間ずつ浸かることを5セット実施するプロトコルを用いている。このように交代浴に関しても異なるプロトコルが用いられているが、試合後のリカバリー効果は示されている。つまり、水治療はある一定のリカバリー効果が認められていることから、近年開発されている流水プールを用いたアクアセラピーのリカバリー効果はかなり期待できると考えられる。

# 第2章 スイメックスの流水プール

## 1 ◆ スイメックスの特徴

### (1) 狭い場所にも設置できるスイメックス

- 幅3.6m×長さ6.3m（22.7m²、約14帖）のスペースに設置が可能である（図3）。
- 住宅用の一部のモデルを除きスイメックス本体は4分割（あるいは8分割）で入荷することが可能である。また、搬入経路が1.3m×2.2m確保できれば搬入が簡単にできる。
- スイメックスはコンパクトな自立式構造により補強支持工事を必要としないため、建築工事における搬入設置工事が大幅に削減できる。設置方法や場所についても屋内、屋外、床置き、埋め込み、半埋め込み、床張り（ふち上、ふち下）など、デザインに応じて設置できる。
- 各付帯設備もコンパクトなため、静水プールと比較して基礎工事、建築工事、給排水設備工事、換気設備工事等の工事費が大幅に削減できる。

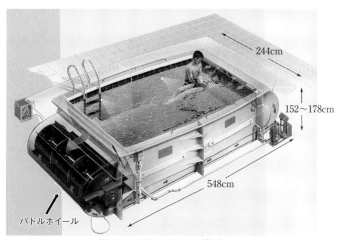

図3　スイメックスの構造

## （2）特許パドルホイールによる大流量の水循環

- パドルホイールは、最大毎分約 113m³（600T や 700T の場合、500T では 96m³）の水を循環することができる。この場合の流水速度は、時速 10km（600T や 700T の場合、500T では時速 8.8km）を超える。
- このような大流量の水循環は、従来あるジェット式やスクリュー式の機能による水循環では不可能である。
- 水の流れは整った層流となり、その層の深さは約 46～76cm にまで及ぶ。従来のジェットバスやフローマシンでは、水の流れが乱流となり、効果的なアクアセラピーやアクアエクササイズが実施できない。

## （3）水深調節

- プールのモデルによって、水深はそれぞれ異なるが、107～183cm まで選択できる。施設用プール（700T、1000T）においては、122cm、152cm、183cm の 3 段階に水深を調節することが可能である。
- リハビリテーションや健康増進などの使用目的に応じて水深を変えることで、より効果的なアクアセラピーやアクアエクササイズが可能となる。

## （4）水温調節

- スイメックスに組込まれたヒーターは、サーモスタット機能により一年中快適な水温で使用できる。
- スイメックス本体の断熱設計に加えて、標準装備であるサーマルブランケットでプール表面をカバーすることで水の蒸発や放熱を抑え、光熱費の節約ができる。

## （5）自動浄化装置

- オゾネーターによる効率的なオゾン殺菌ができる浄水ろ過システムが装備されており、水の交換は極めて少なく年に 1～2 回で済む場合もある。
- プールの使用頻度の高い施設においても数ヶ月に 1 回程度で十分対応できる。

## （6）安全性

- 電気機器は全てプールから離し、空気圧式操作ボタンにより制御されている。
- プール表面は、滑り止め加工されている。
- 流水に流されて下流の壁に到達すると、安全スイッチであるストップバーに触れることで自動的に流水が停止する。

## （7）その他の機能

- 断熱性に優れた構造により放熱を抑制することができ、ランニングコストは低い。
- 流水速度の調整は、スイモメーターによって無段変速的に99段階（1〜99）に切り替えることができる。
- 水中窓が設置されていることで、指導者がプール外からクライアントの動きを確認することができる。
- 高性能ヨットと同様のFRP（グラスファイバー）複合体の構造で設計されていることで耐久性がある。
- 滑らかなゲルコート塗装を施したプール表面および水位線は、タイル仕様のためメンテナンスが簡単である。

# 2 ◆ スイメックスの利用実績

## （1）海外での利用実績

　アメリカでの大学アスレティック施設において、現在、87大学でスイメックスが設置されている。海外でのプロスポーツチームにおいて、下記の通りスイメックスが設置され、日常的なコンディショニングをはじめ、スポーツ傷害後のリハビリテーションで活用されている。

Major League Baseball：21チーム
　Arizona Diamondbacks, Atlanta Braves, Boston Red Sox, Chicago White Sox, Cincinnati Reds, Chicago Cubs, Cleveland Indians, Colorado Rockies, Detroit Tigers, Florida Marlins, Houston Astros, Kansas City Royals, Los Angeles Angles of Anaheim, Los Angles Dodgers, Milwaukee Brewers, New York Rangers, New York Yankees, Pittsburgh Pirates, San Francisco Giants, Seattle Mariners, Texas Rangers

National Football League：9チーム
　Arizona Cardinals, Baltimore Ravens, Cleveland Browns, Denver Broncos, Green Bay Packers, Indianapolis Colts, Jacksonville Jaguars, New England Patriots, San Diego Chargers

National Basketball Association：9チーム
　Boston Celtics, Cleveland Cavaliers, Denver Nuggets, Detroit Pistons, Los Angeles Lakers, Miami Heat, Philadelphia 76ers, Phoenix Suns, Utah Jazz

National Hockey League：5チーム
　Bufflalos Sabres, Dallas Stars, Montreal Canadians, Ottawa Senators, Phoenix Coyotes

Professional Soccer：5 チーム
　Chicago Fire Soccer Club, FC Dallas Soccer Club, Manchester City Football Club - UK, Wolverhampton Wanderers Football Club - UK, Stoke City Football Club - UK

Olympics Training：5 チーム
　US Ski and Snowboard（Park City, UT）, Olympic Training Center（Colorado Springs, CO）, US Olympic Training Center（Chula Vista, CA）

韓国：1 チーム
　Doosan Bears

## （2）日本での利用実績

一般住宅：14 箇所
　A 邸（宮崎県延岡市）、B 邸（北海道札幌市）、Y 邸（大分県由布市）、Y 邸（静岡県沼津市）、M 邸（兵庫県西宮市）、F 邸（神奈川県横浜市）、I 邸（秋田県能代市）、Y 邸（兵庫県西宮市）、U 邸（愛知県名古屋市）、O 邸（兵庫県西宮市）、T 邸（愛知県名古屋市）、I 邸（徳島県名西郡）、M 邸（兵庫県神戸市）、M 邸（熊本県熊本市）

医療・介護機関：10 箇所
　鶴田病院（宮崎県西都市）、あたご整形外科（宮崎県延岡市）、ドクター K. クリニック（千葉県印旛郡）、新潟臨港総合病院（新潟県新潟市）、岡村一心堂病院（岡山県岡山市）、The Clinic 東京（東京都港区）、大田記念病院（広島県福山市）、新発田病院（新潟県新発田市）、介護老人保健施設（群馬県太田市）、在宅介護支援センター（群馬県太田市）

スポーツ・コンディショニング：7 箇所
　サンフレッチェ広島（広島県安芸高田市）、阪神タイガース（兵庫県西宮市）、オリックス・バッファローズ（兵庫県神戸市）、社会人ラグビー部（福岡県福岡市）、スタジオルポ（高知県高知市）、ヴィッセル神戸（兵庫県神戸市）、京セラドーム（大阪府大阪市）

その他（会社保養所など）：3 箇所
　A 社保養所（滋賀県大津市）、Dog Heart（愛知県豊川市）、ドッグガーデン（青森県青森市）

# 第3章　上肢プロトコル

## 1 ◆ インピンジメント症候群のための臨床プロトコル

頻度：週1〜3回
期間：2〜6週間（理学所見に基づく）

### （1）通院1回目：初期評価

目標：
1. 以下の所見に対する包括的な評価を行う
   - インピンジメントの原因と場所
   - 関節包の制限と不安定性
   - 肩関節複合体の筋不均衡
2. 自宅でのエクササイズプログラムを開始する
3. 情報冊子の配布と共にプールプログラムへ移行する

自己管理基準：
- 能動的関節可動域の制限がない、または最小である。
- 後方、下方、前方の関節包の制限がない、または最小である。
- 肩甲胸郭リズムの異常が最小である。
- 腰よりも低位置で壁を押したときに翼状肩甲がない、または最小である。
- ローテーターカフ、肩甲骨周囲筋、三角筋の筋力が5段階中の4以上である。
- 全体的な肩の不安定性がない。
- 安静時または肩の高さよりも低い位置での腕の動きで痛みがない、または最小である。

　基準が満たされていれば、自宅もしくは地元のフィットネスクラブに通いながら行えるエクササイズプログラムの指導を行い、次の退院基準が満たされるまで1〜2週間ごとに経過観察を行

う。

退院基準：
- 肩関節、肘関節、前腕、手関節の能動的関節可動域において左右差がない。
- 肩甲胸郭リズムの左右差がない。
- 頸椎の能動的関節可動域がない、または最小である。
- 滲出液がない。
- 肩の高さよりも高い位置での上肢の動きで痛みがない、または最小である。
- 運動選手ではない場合はローテーターカフ、肩甲骨周囲筋、三角筋（前部・中部）の筋力が5段階中の4以上である。
- インピンジメントテストが陰性である。
- 治癒の進展が認められない。
- 医療機関のルールに従わない。

## （2）通院1～4回目

目標：
1. 自宅でエクササイズプログラムを適切に行える
2. 痛みを伴わない肩関節の能動的な挙上が2回目の通院で90度、4回目の通院で120度を目指す

水中での構成要素：
浅い水深
- ウォーミングアップでは、痛みのない範囲で様々に腕を動かしながら前方、後方、側方へハーフスクワットの姿勢で歩行する。可能なら側方に歩く際に腕を水平よりも上に挙げる。関節可動域の増大には浮力を利用して行い、慣れたら前方または後方からの流水を利用する。

- 後方の関節包をストレッチするために、胸の高さの水深で腕を体の前でクロスして歩行する。抵抗を増やすにはフィンまたはパドルを利用する。慣れてきたら前方からの流水を利用する。

- パドル、アクアグローブ、ビート板等の補助用具を用い、前方からの流水に対して腕を様々な位置で腕を引きながら歩行し、上腕二頭筋長頭のストレッチを促す。

- パドル、アクアグローブ、ビート板等の補助用具を用い、後方からの流水に対して腕を後方に押しながら歩行し、肩関節後部の筋力強化を促す。

- 前方からの流水に対して体の後ろで手を叩き、胸筋のストレッチを意識しながら歩行する。

- 水中で小さなメディスンボールを背中に通しながら流水に対して前方または後方へ歩行する。

- 平泳ぎの要領で水を掻きながら前方または後方からの流水に対して歩行する。

- プールの端に肩まで浸水した状態で座り、頸椎の可動域エクササイズや顎を引き胸骨を引き上げるエクササイズを行う。

- パドル、フィン、ハイドロトーン（手足に装着し、水中の抵抗を増加させる用具）を用いて層流に対して肩甲骨の安定化を図る。後方からの流水に対しては肩甲骨の内転、肩関節伸展、肩関節水平外転を行う。前方からの流水に対しては前鋸筋を用いてパンチする要領で前に腕を突き出す。

- 筋力強化プログラムを開始するために、側方からの流水に対して肩関節の内旋・外旋を回数多く行う。

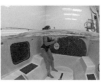

- ビート板を用いたエクササイズにおいて、後方からの流水に対して肩甲骨の下制運動を行う。また、上体の前傾角度を変えながらプッシュアップの要領で下方へ押す運動を行う。

- もし患者が伏臥位（うつ伏せ）になれるならば、プールサイドやベンチに足をかけ、水中メガネやシュノーケルを用いて伏臥位で運動する。患者のレベルに応じてアクアグローブ、ビート板、パドル等を片腕につけて行う。前鋸筋を使ってのパンチ、親指を上にした状態で棘上筋を使っての挙上、ロウイング、ニュートラルポジションでの簡単なリズミックスタビライゼーションを可能なら層流を加えて行う。

- 深い水深で層流を使い、肩の負担を減らすようにランニングや水泳の要領で腕を動かしながら心肺機能エクササイズを行う。

※もし肩を動かしながらの等張性（アイソトニック）の運動が疼痛を伴うならば、前方、後方、側方からの流水の中で腕やパドルを用い腕の動きを伴わない等尺性（アイソメトリック）の運動に変更する。

陸上での構成要素：
- 疼痛を減少させるための物理療法を行う。
- 患者教育として、頭上や身体から離れた位置で物を持ち上げる動作や、痛みを伴う肩の高さよりも上の動作を避けるように指導する。
- 前方に頭が出た姿勢や猫背の姿勢を矯正するための教育やエクササイズを行う。
- 後方や下方への関節モービリゼーションを行う。グレード1または2から導入し、患者の痛みの許容範囲に応じてグレード3または4へと進めていく。必要があれば肩鎖関節や胸鎖関節、肩甲胸郭関節にも同様に行う。
- 患者が柔軟性を高める運動やセラバンド等を用いた等張性の運動を行うよう自宅でのエクササイズプログラムを処方する。

## （3）通院4～6回目

目標：
1. 痛みを伴わずに自動で140度以上の挙上が可能である
2. 状況に応じて自宅でのエクササイズプログラムを進展させる
3. ローテーターカフや肩甲骨周囲筋群の筋力が5段階中の4段階以上である
4. 可能なら水泳の要領での腕の動きを評価・分析する

水中での構成要素：
- 層流を使って仰臥位（仰向け）または伏臥位で頭上の動きのエクササイズを増やしていく。
（例：頭上でのバーベル持ち替え、両手での外転・内転、伏臥位での肩関節屈曲）
- 必要に応じて、スポーツの競技特性に関わる類似動作を取り入れていく。

浅い水深
- ウォーミングアップでの歩行を継続する。慣れてきたら水中で小さなメディスンボールを使って肩のリズミックスタビライゼーションエクササイズを行う。歩行中の動揺運動も痛みの許容範囲に応じて加えていく。
- 必要に応じて、関節モービリゼーションや後方関節包のストレッチを継続していく。
- 関節可動域エクササイズを継続し、D1・D2パターンの動きを加えていく。痛みの許容範囲に応じてパドルや流水を加えて行う。

- ビート板やバーベルを用いての肩のスタビライゼーションエクササイズを継続する。慣れてきたら前方からの流水に対して 1 ～ 3kg のメディスンボールエクササイズを加え、安定性や固有感覚受容器を強化する（例：ボールトス、チェストパス、片手または両手でボールを押す）。流水に対しリズミックスタビライゼーションも行う（例：水中でのドリブル、闘牛士のようにビート板を水中で扱う）。

- 肩の内旋・外旋の強化を継続し、痛みの許容範囲に応じて外転位で前方または後方からの流水に対して行う。

- 水中メガネやシュノーケルを用いた伏臥位での運動を継続する。肩の屈曲・伸展、水平外転・内転、D1・D2 パターンの動きを加え、三角筋を強化していく。

- 流水の中で壁を押す運動を立位から前傾位で行う。伏臥位でベンチの上でのプッシュアップに移行し、可能ならばメディスンボールを使ったプッシュアップに発展させる。

- 前方または後方からの流水の中で、バーベルやビート板に座った状態で水を掻く。

- 痛みの許容範囲に応じて、流水の中で仰臥位または伏臥位で手すりを持って懸垂を行う。

- 痛みがなければ水泳に移行し、心肺機能エクササイズを継続していく。

陸上での構成要素：
- 前段階での治療を継続する。
- 必要に応じて関節モービリゼーションを継続する。特に、関節可動域の制限がある肩甲上腕関節にアプローチする。
- 自宅でのエクササイズプログラムを継続し進展させる。三角筋前部・中部の強化を開始する。ただし、ローテーターカフの筋力が5段階中の4段階に達していなければ90度を超えた挙上は避ける。
- 適切な持ち上げ動作を指導していく。

## （4）通院7回目：退院

目標：
1. 自宅でのエクササイズプログラムをよく理解し、適切に行うことができる
2. 退院基準を満たす

陸上および水中での構成要素：
- 必要に応じて、これまでの水中または陸上での運動を継続する。
- 上肢の主な筋肉を強化していくための自宅または地元のフィットネスクラブでのエクササイズプログラムを処方する。
- インピンジメント兆候に対する教育を行う。
- 退院の際には、自宅または地元のフィットネスクラブにおいて処方されたエクササイズプログラムを自分で行えるようにする。

# 2 ◆ 肩関節前方脱臼のための臨床プロトコル

頻度：週2〜3回
期間：6〜8週（理学所見に基づく）

## （1）初期評価（受傷後7日）

**目標：**
1. 以下の項目の評価をする
   - 姿勢
   - 肩関節の能動的あるいは受動的関節可動域
   - 頸椎、肘関節、手関節の能動的関節可動域
   - 疼痛、炎症
2. 姿勢を矯正する
3. 自宅でエクササイズプログラムを開始する
4. 固定装具を外す
5. 情報冊子の配布と共にプールプログラムへ移行する

**自己管理基準（6〜8週目安）：**
- 頸椎、肘関節、前腕、手関節の能動的関節可動域が正常である。
- 患側の肩の受動的関節可動域が健側と比べて同等である。
- 患側の肩の能動的関節可動域が健側と比べて15〜20度以内である。
- 関節包による制限がない、または最小である。
- 挙上においての肩および肩甲骨の代償運動が最小である。
- ローテーターカフと三角筋の筋力が5段階中の4以上である。
- 腰よりも低位置で壁を押したときに翼状肩甲がない、または最小である。
- 不安定性の兆候がない。
- 重い物を持ち上げる以外の日常生活や通常業務における痛みが中程度または最小で、痛みの程度は減少している。
- 職場復帰に向けて回復している、または部分的に復帰している。
- 正常な姿勢を取ることができる。
- 自宅でのエクササイズプログラムや痛みの管理をよく理解し自分で遂行できる。

　基準が満たされていれば、自宅もしくは地元のフィットネスクラブに通いながら行えるエクササイズプログラムの指導を行い、次の退院基準が満たされるまで2〜4週間ごとに経過観察を行う。

退院基準（4〜8週）：
- 全関節可動域において肩関節または肩甲骨の代償運動がない。
- 不安定性の兆候がない。
- 関節包による制限がない、または最小である。
- 三角筋、ローテーターカフ、肩甲骨周囲筋の筋力が5段階中の4から5である。
- セラバンドを使った反復挙上で翼状肩甲がない、または最小である。
- 業務内容を変更することで部分的あるいは完全に職場復帰できる。
- 自宅でのエクササイズプログラムの重要性を理解し自分で継続が可能である。

## （2）1〜3週目（受傷後7〜21日）

予防措置：
- 肩の外転と外旋が組み合わさった動きは避ける

目標：
1. 固定装具の使用を終える
2. 全受動的関節可動域を有する
3. 能動的関節可動域が健側と比べて20度以内の差である

水中での構成要素：
- ウォーミングアップでは、痛みのない範囲で様々に腕を動かしながら前方、後方、側方へハーフスクワットの姿勢で歩行する。可能なら側方に歩く際に腕を水平よりも上に挙げる。関節可動域の増大には浮力を利用して行い、慣れたら前方または後方からの流水を利用する。

- 肩の高さの水深でベンチに座って（壁に寄りかかったスクワット位で、あるいは伏臥位の姿勢をとって）、アクアグローブやダンベルで浮力を使いながら能動的介助で関節可動域エクササイズを行う。内旋・外旋では、最初は肩の外転は0度で行い、患者の痛みの許容範囲に応じて45度へと進めていく。関節可動域エクササイズの補助には関節の動きの方向に応じて層流を利用する。異常な動きを助長しないように注意する。

- 三角筋とローテーターカフ筋群を肩甲骨面上において等尺性の筋力強化を行う。
- 三角筋強化：肘を伸ばした状態で前方、後方、側方にそれぞれ流水に対して歩行する。

- ローテーターカフ強化：肘を90度に屈曲した状態で横からの流水に対して横にステップする（負荷を上げるにはパドルを使用する）。

- 後方からの層流の中で、ベンチ、ビート板、ダンベル、ボール等を利用して肩甲骨の下制運動を行い、肩甲骨周囲筋を強化する。

- パドル、フィン、ハイドロトーンを用いて後方からの層流に対して肩甲骨の安定化を図るために、肩甲骨の内転、肩関節伸展、ロウイング運動を行う。

- 痛みの許容範囲に応じてローテーターカフの強化を行う。慣れたら側方からの層流にパドルを加えていく。

   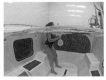

- 肘伸展位で小さなメディスンボールを使って流水の中で、時計回りあるいは半時計回りに動かしリズミックスタビリゼーションを加えていく。初めは歩きながらの小さな動揺から行い、慣れてきたら動きを大きくしていく。

- もし患者が伏臥位になれるならば、プールサイドやベンチに足をかけ、水中メガネやシュノーケルを用いて伏臥位で運動する。患者のレベルに応じてアクアグローブ、ビート板、パドル、ボールを用いたり片腕で行ったりする。痛みの許容範囲に応じて、層流を加えて前鋸筋を使ってのパンチやロウイング動作を行う。

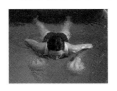

※両手でビート板を扱う上肢運動では、両手首を短めの黄色いチューブで繋ぐことで肩甲骨の安定化を促進できる。

陸上での構成要素：
- 固定装具を外す。
- 疼痛、炎症、筋性防御の管理および減少のために物理療法を行う。
- 必要に応じて肩甲上腕関節、肩鎖関節、胸鎖関節、肩甲胸郭関節に対して関節モビリゼーションを行う。肩甲上腕関節のモビリゼーションには前方グライドも含まれる。グレード1または2の小さな振動から導入し、患者の状況に応じて進めていく。
- 徒手でストレッチや受動的関節可動域エクササイズを行う。全ての面で行うが、最初は外旋においてだけ肩甲骨面上で行う。ただし、外転と外旋の組み合わせは強制しない。
- 痛みのない範囲で能動的関節可動域エクササイズを開始し、自宅でのエクササイズプログラムに頸椎、肘、手首の能動的関節可動域エクササイズおよびストレッチを取り入れる。
- 肩関節の外転、内旋・外旋、屈曲・伸展、肘関節の屈曲・伸展の最大下の等尺性エクササイズを自宅でのプログラムに組み込む。慣れてきたらチューブを使って肩関節0度外転位での内旋・外旋運動へと進めていく。

## （3）4〜6週目（受傷後15〜42日）

予防措置：
- 肩関節90度外転位での外転と外旋が組み合わさった動きは避ける

目標：
 1. 全関節可動域で痛みがない
 2. 徒手抵抗筋力テストで内旋・外旋と屈曲において十分な力を発揮できる
 3. 痛みが最小限である

水中での構成要素：
浅い水深
- 前方、後方、側方へ歩くウォーミングアップを継続する。筋力が付いて慣れてきたら前方、後方、側方からの流水を利用して負荷や浮力を加える。
- 関節可動域エクササイズやストレッチを継続する。痛みの許容範囲に応じて仰臥位、伏臥位、横臥位（横向け）へと進めていく。身体の横から頭の上までの腕の上げ下ろしや頭上でバーベルを持ち変える（仰臥位、伏臥位）。横臥位で手すりを使って振り子運動を行う。関節可動域や安定性の向上には層流を使う。

- 等張性の筋力エクササイズ（特に、ローテーターカフ）を継続し、層流を強めた中で外転や肩甲骨周囲筋群のエクササイズへと移行していく。

- 三角筋や他の上肢の筋力強化エクササイズを加える。層流、パドルやハイドロトーンを用いて負荷を増加させていく。

- 固有感覚受容器エクササイズやクローズドキネティックチェーン（CKC）でのリズミックスタビライゼーションを開始する。
- ベンチ上でのプッシュアップからメディスンボール2個あるいは1個を使ってのプッシュアップへと発展させる。

- 足をベンチか手すりにかけて、伏臥位でメディスンボールを使ったプッシュアップを行う。慣れたら交互に行う。

- 前方、後方からの流水に対して歩行しながら水中でメディスンボールを背中に通して受け渡す。

- 前方からの流水に対して、片手を90度屈曲位にしてメディスンボールを保持し、アルファベットを描く要領で肩の安定性エクササイズを行う。側方からの流水に対しても90度外転位で同様に行う。

- 伏臥位にて、両手で手すりを持って懸垂を行い、痛みの許容範囲に応じて層流の中で片手による懸垂へと発展させる。

- メディスンボールで層流に対してチェストパスを行い、ボールをキャッチする。肩の安定と爆発的なパワーを強調する。

- 投球動作を行う競技者は、首の高さの水深で前方あるいは後方からの流水の中で、互い違いのスタンスにおいて投球動作のプログラムを開始する。

- 層流の中で道具（テニスのラケット、ホッケーのスティック、野球のバット）を適切に使えるならば、簡易な競技動作エクササイズを開始する。

- 水中メガネとシュノーケルを利用して、ダンベル、ビート板、ボールを使って、肩甲骨周囲筋群のエクササイズを継続し、上肢の等張性の筋力強化や柔軟性エクササイズを行う。
- 特に肩の動きに注意しながら、痛みの許容範囲に応じて水泳を開始する。

陸上での構成要素：
- 必要に応じて、徒手でのストレッチを継続する。患者の痛みの許容範囲に応じて外旋60度、外転90度までストレッチを進めていく。
- 必要に応じて、肩甲上腕関節、肩鎖関節、胸鎖関節、肩甲胸郭関節の関節モービリゼーションを継続する。
- 総合的な柔軟性プログラムを含めた自宅でのエクササイズプログラムへと進めていく。
- 投球動作を行う競技者で利き腕が患側の場合にはテニスボールの投球を短い距離から開始し、距離とスピードを増加させて全力投球まで進めていく。
- 等張性の筋力強化を行う。

## （4）7週目（退院）

予防措置：
- 広いグリップまたは頭上での筋力強化エクササイズは行わないこと。
 （例：ベンチプレス、ミリタリープレス）

目標：
1. 退院基準を満たす

水中での構成要素：
- 総合的な上肢の筋力強化プログラム（特に、ローテーターカフ、肩甲骨周囲筋、三角筋に重点を置く）を継続する。多方向の抵抗運動をするにあたり層流を加えて、より難しい種目へと進めていく。

- 仰臥位、伏臥位、横臥位で層流を使って上肢のストレッチ運動を全関節可動域において行う。

- 層流を強めた中で、上肢のCKCやプライオメトリックエクササイズを用いながら、上肢の固有感覚受容器や機能的エクササイズを段階的に継続する。
- ストロークに注意を払いながら水泳を継続する。
- スポーツ競技の特異性または職業における業務動作の特異性に関わるエクササイズを継続する。

陸上での構成要素：
- 必要に応じて徒手でのストレッチを継続する。痛みの許容範囲に応じて外旋を90度外転位またはそれ以上で実施する。
- 自宅または地元のフィットネスクラブでのエクササイズプログラムに総合的な等張性の筋力強化エクササイズを取り入れて実施する。

# 3. ローテーターカフ修復術(5cm以内) リハビリテーションのための臨床プロトコル

頻度：週2～3回
期間：8～12週（理学所見に基づく）

## （1）術後評価（術後5～7日）

目標：
1. 以下の項目の評価をする
   - 姿勢
   - 頸椎、肘関節、手関節の能動的関節可動域
   - 肩関節の受動的関節可動域
   - 疼痛、炎症
   - 切開痕の治癒
2. 姿勢を矯正する
3. 自宅でのエクササイズプログラムおよび浮腫軽減の方法を確認する
4. 三角巾、固定装具、予防措置に関して指導をする
5. 情報冊子の配布と共にプールプログラムへ移行する

以下の自己管理基準を満たすまで週2～3回のリハビリテーションを開始する。

自己管理基準：
- 頸椎、肘関節、前腕、手関節の能動的関節可動域が正常である。
- 患側の肩の受動的関節可動域が健側と比べて同等である。
- 関節包による制限がない、または最小である。
- 患側の肩の能動的関節可動域が健側と比べて10～15度以内である。
- 挙上の際に肩関節と肩甲骨の代償運動が最小である。
- ローテーターカフと三角筋の筋力が5段階中の4以上である。
- 腰よりも低位置で壁を押したときに翼状肩甲がない、または最小である。
- 切開痕の過感受性や癒着がない。
- 重い物を持ち上げる以外の日常生活や通常業務における痛みが中程度または最小で、痛みの程度は減少している。
- 職場復帰に向けて回復している、または部分的に復帰している。
- 正常な姿勢を取ることができる。
- 自宅でのエクササイズプログラムや痛みの管理をよく理解し自分で遂行できる。

基準が満たされていれば、自宅もしくは地元のフィットネスクラブに通いながら行えるエクササイズプログラムの指導を行い、次の退院基準が満たされるまで2～4週間ごとに経過観察を行

う。

退院基準（8～10週）：
- 患側の肩の能動的関節可動域が健側と比べて同等である。
- 関節包による制限がない。
- 肩関節または肩甲骨の代償運動なく痛みがない、または最小の状態で正常の挙上が可能である。
- 肩甲胸郭リズムが正常である。
- 三角筋、ローテーターカフ、上腕二頭筋、上腕三頭筋の筋力が5段階中の4から5である。
- 投球動作を行う競技者の場合、等速性（アイソキネティック）の筋力テストにおいて外旋・内旋の強さが健側と比べて85％以上である。
- セラバンドを使った反復挙上で翼状肩甲がない、または最小である。
- 完全に職場復帰する。
- 自宅でのエクササイズプログラムの重要性を理解し自分で継続が可能である。
- 治癒の進展が認められない。
- 医療機関のルールに従わない。

## （2）1～3週目（術後）

目標：
1. 自宅でのエクササイズプログラム、適切な姿勢、守るべき予防措置を患者がよく理解する
2. 切開痕のモービリゼーションや脱感作療法を自分で行える
3. 受動的関節可動域が以下の通りである：
   屈曲：90～125度
   外転：90～125度
   内旋：45度（90度外転位にて）
   外旋：45度（90度外転位にて）

水中での構成要素：
（切開痕が治癒してから開始する）
- ウォーミングアップでは、痛みのない範囲で様々に腕を動かしながら前方、後方、側方へハーフスクワットの姿勢で歩行する。可動域増大を促すためアクアグローブまたはダンベルを用いて浮力を増加させてもよい。慣れたら前方、後方、側方からの層流を利用する。

- 肩を水面下まで浸けての振り子運動を行う。少しずつ肩関節に牽引をかけたり慣性をつけたりするため手首に重りを付けたり、層流を加えたりしていく。

- 座位や立位など様々なポジションで、アクアグローブやダンベルにより浮力を増大して動きを促しながら能動的な補助関節可動域エクササイズを行う。内旋・外旋に関しては肩関節45〜60度外転位で行う。関節可動域増大を促進するため層流を利用する。

- 前方、側方からの層流の中で歩きながらスティックやバーベルを使って肩関節の内旋・外旋、屈曲、外転運動を行う。

- 痛みの許容範囲に応じて肩を水面下まで浸し、前方からの層流の中でD1・D2パターンの運動を行う。

- 頸椎、肘関節、手関節の能動的関節可動域エクササイズやストレッチを行う。

- 浅い水深で層流に対して腕を保持したまま前方、後方、側方に歩行し、最大下で等尺性の筋力強化を行う（抵抗の増大にはパドルを用いる）。内旋・外旋はニュートラルポジションで行う。

- 前方、後方からの層流に対して腕を適度に引きながら前方、後方へ歩行する。

陸上での構成要素：
- 三角巾や固定装具の使用期間は医師により決定される（通常は2～3週間）。
- 疼痛、炎症、筋性防御の抑制および減少させるために物理療法を行う。
- 切開痕が十分に治癒したら、必要に応じてモービリゼーションや脱感作療法を行う。
- 頸椎、肘関節、手関節の能動的関節可動域エクササイズやストレッチを取り入れた自宅でのエクササイズプログラムを行う。
- 振り子運動を取り入れた能動的な補助関節可動域エクササイズを開始する。同様に125度までの肩関節屈曲、45度外転位での内旋・外旋はスティックを使った運動、屈曲と外転には滑車を用いた運動を取り入れる。
- 肩甲上腕関節および肩甲胸郭関節にグレード1から2の小さな振動でモービリゼーションを行う。この段階では下方へのモービリゼーションは避ける。
- 最大下で肩関節屈曲筋、外転筋、内旋筋、外旋筋、肘関節屈曲筋の等尺性エクササイズを開始する。

## （3）4～6週目

目標：
1. 癒着性関節包炎を予防する
2. 自宅でのエクササイズプログラムを自分で発展させることができる
3. 切開痕の過感受性や癒着がない
4. 疼痛の程度が継続的に減少している
5. 受動的関節可動域が以下の通りである：

挙上：160度以上

外転：正常の範囲内

内旋：90度外転位で60度

外旋：90度外転位で60度

水中での構成要素：

- ウォーミングアップの歩行運動を継続する。可動域や筋力を増大させるために抵抗を増やす用具や層流を加える。
- 後方の関節包をストレッチするため、胸の高さの水深で腕を体の前でクロスして歩行する（抵抗を増やすにはフィンまたはパドルを利用する）。慣れてきたら前方からの流水も利用する。

- より強い層流の中での腕を引きながらの前方、後方への歩行を継続する。
- 座位や立位で浮力や流水を増大して動きを促しながら能動的な補助や能動的関節可動域エクササイズを継続する（内旋・外旋は肩関節90度外転位でも行う）。

- 立位で肩まで浸かりボール、ダンベル、パドルを使って以下の等張性の筋力エクササイズを開始する。肩関節屈曲・伸展、外転・内転、内旋・外旋、親指を上にして70〜80度まで屈曲して棘上筋の強化をする。慣れてきたら前方、後方、側方からの流水を増強する。挙上の際には、肩甲骨や肩に代償運動がないことを確認し、異常な動きを助長しないように注意する。

- 浅い水深または伏臥位でボールやダンベルを利用して、層流の中でD1・D2パターンの運動を継続する。
- ベンチ上でのプッシュアッププラス（プッシュアップからさらに肩甲骨を押し上げる動作：前鋸筋を強化する）からメディスンボール2個と層流を用いてのプッシュアッププラスへと発展させる。

- パドル、フィン、ハイドロトーンを用いて、層流に対して肩甲骨の安定化を図る。後方からの流水に対しては肩甲骨の内転、肩関節伸展、肩関節水平外転を行う。前方からの流水に対しては前鋸筋を用いてパンチする要領で前に腕を突き出す。また、後方からの流水に対してビート板を使ったり、ベンチに座って腕を押し下げたりして肩甲骨の下制運動を行う。

- 痛みの許容範囲に応じて、流水を利用して関節可動域を促進しながら伏臥位で手すりを持って懸垂を行う。

- ビート板またはボールを使って時計回りや反時計回りに動かしたり、アルファベットを描く要領で動かしたりしてリズミックスタビリゼーションを行う。痛みの許容範囲に応じて、ボール、ビート板のサイズや層流を増大する。

- 手すりに足をかけて仰臥位で、バーベルを持って手を側方から頭上に上げ下げする。層流を用いて関節可動域エクササイズや筋力強化を行う。慣れてきたら頭上でのバーベルプレスへと移行する。

- 層流の中で、スパイダーマン姿勢(前の手すりを持ち、足を壁に付けた状態の姿勢)やスーパーマン姿勢(手すりを持って伏臥位を保持する姿勢)で関節可動域や筋力を増大させる。

- 層流を増強させ肩の動きをつけてパッドの上を走るなどをして、心肺機能エクササイズを進展させる。

陸上での構成要素：
- 必要に応じて寒冷療法を継続する。
- 必要に応じて切開痕の治療を継続する。
- 肩甲上腕関節、肩甲胸郭関節において関節モービリゼーションを行う。患者の痛みの許容範囲に応じてグレード3または4へと移行し、下方へのモービリゼーションも加える。
- 全ての面において能動的関節可動域エクササイズを開始し、代償運動が出ないように留意する。
- セラバンドを使った等張性の筋力強化を肩甲骨面での内旋・外旋において開始する。肩甲骨周囲筋の筋力強化も開始する。例えば、前鋸筋を使ってのパンチ、伏臥位でのロウイング、仰臥位での肩関節伸展、横臥位で肩甲骨面での内旋・外旋などを行う。
- 術後1～3週で行った自宅でのエクササイズプログラムを進展させる。能動的関節可動域エクササイズを開始し、セラバンドを用いた等張性の筋力強化を内旋・外旋から始める。

## （4）6～8週目

目標：
1. 受動的関節可動域が健側と比べて同等である
2. 関節包による制限がない、または最小である
3. 疼痛の程度が減少している
4. 肩関節や肩甲骨の代償運動なく挙上の能動的関節可動域が140度以上である
5. ローテーターカフ、三角筋、肩甲骨周囲筋の筋力が5段階中の4以上である

水中での構成要素：
- パドル、ハイドロトーン、ダンベルを使って、ハーフスクワットの姿勢で前方、後方、側方への歩行を継続し、慣れてきたら層流を増強する。
- 1～3kgのメディスンボールを使って層流に対してボール投げ、チェストパス、片手（両手）でのボールの押し出しを行い、肩関節の安定性や固有感覚受容器を強化する。

  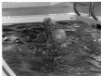

- 立位で肩まで浸水した状態で、パドル、ハイドロトーン、ダンベルを使って以下の等張性の筋力エクササイズを継続する。肩関節屈曲・伸展、外転・内転、内旋・外旋、水平外転・内転、親指を上にして70〜80度まで屈曲して棘上筋を強化する。慣れてきたら前方、後方、側方からの層流を使う。

- 肩甲骨周囲筋の筋力強化を継続する。前鋸筋を使ったパンチ動作、屈曲・伸展、水平外転・内転、ロウイング、親指を上にしての棘上筋を強化する（これまでのエクササイズを患者の痛みの許容範囲に応じて、両手または片手で行ってもよい）。ボールや用具のサイズを変えたり、層流を増強させたりしていく。

- メディスンボールを使ったリズミックスタビライゼーションを患者の痛みの許容範囲に応じてより速い動き、スピード、流水で継続する。前方からの流水に対してメディスンボールを使ってアルファベットを描く運動を行う。

- ベンチ上でのプッシュアッププラスを継続し、層流の中でメディスンボール2個または1個を使ったプッシュアッププラスへと発展させる。痛みの許容範囲に応じて足を手すりにかけ、メディスンボールと層流を使って安定性を強化する。

- ハイドロトーンを使ってボクシングの動作（ジャブ、アッパーカット）を行いながら歩行し、肩の適切なポジションと安定性を強調する。

- 手すりを持って伏臥位または仰臥位での懸垂を継続し、慣れてきたら層流を用いて関節可動域エクササイズや筋力強化を行う。
- 異常な動きをしないように注意しながら水泳を開始する。

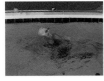 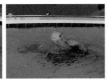

- 必要に応じてスポーツ競技の特異的な動作を開始する。

- ダンベルを持って肩の動きや筋力を強化しながらパッド上を走るなどをして、心肺機能エクササイズを進展させていく。

陸上での構成要素：
- 必要に応じて関節モービリゼーションを継続する。
- 上肢の機能的な固有感覚受容器エクササイズや機能的な運動を開始する。
- 腕を体側につけた状態での内旋・外旋を特に強調してセラバンドを使った等張性の筋力強化を継続する。
- ダンベルを用いて三角筋、棘上筋、肩甲骨周囲筋、肘の屈曲・伸展筋群の強化を開始する。
- 自宅でのエクササイズプログラムを包括的な柔軟性プログラムを取り入れたものへと進展させる。後方関節包のストレッチ、屈曲と内旋のセルフストレッチも同様に加えていく。

## （5）8週目以降：退院

目標：
1. 退院基準を満たす

**陸上での構成要素：**
- 自己管理基準が満たされれば、自分で行えるエクササイズプログラムを継続し、退院基準を満たすまで2～4週間ごとに経過観察を行う。
- UBE（上肢用エルゴメーター）を前方、後方に漕いで上肢のウォームアップと筋持久力のエクササイズを兼ねる。
- 必要に応じて徒手での関節モービリゼーションやストレッチを継続する。
- ダンベルやセラバンドを用いて、上肢の主要筋群を強化するために包括的な等張性の筋力プログラムを継続する。特に三角筋、ローテーターカフ、肩甲骨周囲筋、上腕三頭筋、上腕二頭筋に重点を置いて行う。
- ローテーターカフの筋力強化を90度外転位で行えるまで、また三角筋と棘上筋の筋力強化を肩の高さの上で行えるまで継続する。ただし、痛みなく、そして肩や肩甲骨が上がるような代償運動なく行うように注意する。
- もし関節包の制限が顕著に残るのであれば、自宅でのエクササイズプログラムにセルフ関節モービリゼーションを取り入れる。
- 投球を行う競技者は、投球動作を取り入れる。
- 職業あるいはスポーツ競技の特異的な運動を取り入れる。
- 退院の際には患者は自宅でのエクササイズプログラムを自分で行うことができ、自宅または地元のフィットネスクラブで行う包括的な柔軟性および筋力強化プログラムを継続することの重要性を理解する必要がある。

**5cmを超えるローテーターカフ修復術について**

　5cm以上のローテーターカフ修復術後の治療の経過は類似しており、ここに示した段階よりも2週間遅らせて進める。ただし、患者の状態や担当医師の判断による。

# 4 ◆ 上肢の柔軟性改善のプロトコル

頻度：週2〜3回
期間：6〜8週（理学所見に基づく）

## アプローチする動き：

肩関節屈曲：

- ベンチの上または壁に寄りかかった状態で胸や首の高さまで浸かり、前方からの流水の中で浮力を使って動きを助長しながら屈曲動作を行う。

- 半伏臥位状態で後方からの流水の中で、アクアグローブを用いて動きを助長しながら屈曲動作を行う。

- 足をベンチまたは手すりにかけて伏臥位になり、下方からの流水と動きを助長する用具を使いながら屈曲動作を行う。

- 前方からの流水の中でスティックを用いて能動的な補助で屈曲の関節可動域エクササイズを行う。

- 仰臥位あるいは伏臥位で手すりを持ち、流水の中で懸垂を行う。

- 動きを助長する用具と流水を使いながら伏臥位でPNFのD1パターンを行う。

- 前方からの流水で、手すりを持ってスーパーマン姿勢を保持する。

- 前方からの流水で、手すりを持って振り子のように体を上下左右に振る。

肩関節外転：

- 側方からの流水の中で横泳ぎを行う。

- 前方からの流水で、手すりを持って振り子のように体を上下左右に振る。

- 側方からの流水で、横臥位において片手で手すりを持ち体を引き寄せる。

- 側方からの流水の中で、スティックを使って能動的な補助で外転の関節可動域エクササイズを行う。

- 仰臥位あるいは伏臥位で補助用具と上方からの流水を用いて、体側から頭上に腕を外転させる。

- 仰臥位あるいは伏臥位で補助用具と上方からの流水を用いて、体側から外転して頭上でダンベルを持ち変える。

- 補助用具と流水を使いながらPNFのD1パターンを行う。

肩関節外旋：
- 側方からの流水の中で、抵抗用具を使い外旋運動をしながら側方に歩行する。
- 側方からの流水の中でスティックを使って能動的な補助で外旋の関節可動域エクササイズを行う。

- 補助用具と流水を使いながらPNFのD1パターンを行う。

- 流水の中で手すりを持って体を開くようにして外旋のストレッチを行う。

肩関節内旋：
- 後方からの流水の中で、スティックやバーベルを背中で縦に持って内旋のストレッチを促しながら後方に歩行する。

- 側方からの流水の中で、抵抗用具を使い内旋運動をしながら側方に歩行する。

- 前方、後方からの流水に対して、歩行しながらボールを背中に通して受け渡しをする。

- 流水の中でPNFのD2パターンを行う。

- 仰臥位、伏臥位で補助用具と上方からの流水を使いながら頭上から背中を通してバーベルを受け渡す。

肘関節伸展：

- 前方からの流水に対して補助用具を使って肘関節を伸展させながら歩行する。

- 手すりに足をかけて伏臥位で、流水と補助用具を使って大胸筋フライを行う。

胸筋群：

- 前方からの流水に対して、補助用具を使って90度外転位で水平外転を行いながら歩行する。

- 前方からの流水に対して、抵抗用具を使ってフライ動作を行いながらランジで歩行する。

- 手すりに足をかけて伏臥位で、流水と補助用具を使って大胸筋フライを行う。

- 手すりに足をかけて伏臥位で下方からの流水の中で、補助用具を使って体側から頭上に腕を外転させる。

- 手を体の後ろで叩きながら前方からの流水に対して歩行する。

- 前方、後方からの流水に対して、歩行しながらボールを背中に通して受け渡しをする。

後方関節包：
- 手すりを持ちスパイダーマン姿勢で、体を後方に預け背中の中部から下部をストレッチする。

- 前方からの流水に対して抵抗用具を使って、腕を胸の前でクロスさせながら歩行する。

補助用具：
- アクアグローブ、ボール、ビート板、ダンベル、バーベル、層流

抵抗用具：
- パドル、ハイドロトーン、チューブ、層流

# 5. 上肢の固有感覚受容器のプロトコル

## オープンキネティックチェーン（OKC）：

肩関節屈曲：

- 前方、後方、側方からの流水の中であらゆるポジションで腕の旋回運動によるリズミックスタビライゼーションを行う。

- 前方、側方からの流水の中で肩関節屈曲または外転90度でアルファベットを描く要領で肩関節を動かす。

## クローズドキネティックチェーン（CKC）：

- 流水の中で立位または伏臥位で、様々なスピードや深さで片手または両手によるボールプッシュを行う。

- 壁やベンチを使ってのプッシュアップを流水の中で行う。慣れてきたらメディスンボールを使ったプッシュアップを行う。

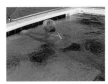 

- 前方や後方からの流水の中で、バーベルを飛び越えたり跨いだりする。

- 側方からの流水の中で、立位または伏臥位でバーベルやビート板を左右に動かす。

- 前方からの流水の中で、伏臥位になり両手または片手で手すりを持ち懸垂を行う。

- 前方、後方、側方からの流水の中で、あらゆるポジションで腕の旋回運動によるリズミックスタビライゼーションを行う。

- 手すりに足をかけて伏臥位になり、流水の中でメディスンボールのプッシュアップ、ボールの持ち替え、リズミックスタビライゼーションを行う。

- 前方や側方からの流水の中で立った状態で、肩関節を90度屈曲位または外転位のままメディスンボールを保持して、アルファベットを描く要領で肩を動かす。

- ベンチの上でメディスンボールを使ったプランクを行う。慣れてきたら流水の中で足を手すりにかけたままプランクでのメディスンボール保持を水中で行う。

- 前方からの流水の中でメディスンボールのドリブルやボールの持ち替えを行う。

- 1～2kgのメディスンボールを使って、層流に向かってチェストパスを行う。

※すべてのCKCエクササイズにおいて、運動強度を上げるにはビート板、メディスンボール、バーベル、ダンベル、チューブ、パドル、アクアグローブなどの用具や前方、後方、側方、上方、下方からの層流を加える。

# 6 ◆ 上肢の筋力強化のプロトコル

## 三角筋：

- 前方や後方からの流水に対して、肩関節屈曲・伸展を行う。

- 側方からの流水に対して、肩関節外転・内転を行う。

- 前方、後方、側方からの流水に対して、肘を伸展位で保持しながら前方、後方、側方へ歩行して等尺性の筋力強化を行う。

- 前方や後方からの流水の中で、クロスカントリースキーの要領で腕を振りながら歩行する。

- 側方からの流水の中で、ジャンピングジャック動作（ジャンプして両足を開き、両手を頭の上で合わせ、元に戻す動作）を行う。

- 上方からの流水の中で、足をベンチや手すりにかけ伏臥位で肩関節屈曲・伸展を行う。

## ローテーターカフ：

- 側方からの流水の中で、肘を体側に付けた状態で肩関節内旋・外旋を行う。

- 側方からの流水に対して、肘屈曲位を保ちながら側方へ歩行し、等尺性の筋力強化を行う。

- 前方や後方からの流水の中で、互い違いのスタンスで立ち、肩関節60度または90度外転位で内旋・外旋を行う。

## 胸筋群：

- 前方からの流水の中で、立位または伏臥位でビート板を押したり、引いたりする。

- 前方からの流水の中で、立位または伏臥位で水平内転を行う。

- 流水の中で、足をベンチや手すりにかけてメディスンボールを使ったプッシュアップを行う。

## 中背部：

- 後方からの流水に対して、闘牛士のようにビート板を保持しながら後方へ歩行する。

- 後方からの流水に対して、パドルを引きながら後方へ歩行する。

- 流水の中で、仰臥位になり肩甲骨内転動作を行う。

- 後方からの流水に対して、立位でロウイング動作を行う。

## 肩甲骨の安定化：

- 前方からの流水に対して、立位で前鋸筋を使ったフォワードパンチを行う。

- 流水の中で、壁やベンチを使ってプッシュアッププラスを行う。

- 後方からの流水の中で、ビート板を体の後ろで押し下げたり、ベンチの上で押し下げて体を持ち上げたりして肩甲骨の下制運動を行う。

 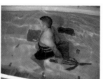

- 立位で様々な方向からの流水に対して、腕の回旋運動を行う。

- 後方からの流水の中で、壁に対してまたは立位で肩関節伸展と肩甲骨内転を保持して等尺性の肩甲骨安定化エクササイズを行う。

- 後方からの流水に対して、肩関節伸展、水平外転、肩甲骨内転を行い等張性の筋力強化を行う。

## 広背筋：

- 流水の中で、腕を伸ばした状態で斜めの動きも入れたりしながらビート板を押し下げる運動を行う。

- 上方からの流水の中で、足をベンチや手すりにかけて伏臥位でダンベルやパドルを持ち、腕を伸ばしたまま屈曲・伸展させる。

- 前方からの流水の中で、仰臥位や伏臥位で両手または片手で手すりを持ち懸垂を行う。

## 肘関節および手関節：

- 前方からの流水の中で、バイセプスカール（肘関節屈曲）を行う。

- 後方からの流水の中で、トライセプスキックバック（肘関節伸展）を行う。

- 前方からの流水の中で、手関節屈曲・伸展を行う。

- 側方からの流水の中で、前腕の回外・回内を行う。

## PNF：

- 前方や後方からの流水の中で、立位または伏臥位でD1・D2パターンを行う。

※全てのエクササイズにおいて、運動強度を上げるにはアクアグローブ、ビート板、ボール、パドル、チューブなどの用具や前方、後方、側方、上方、下方からの層流を加える。

# 第4章 下肢プロトコル

## 1. 膝関節内視鏡下手術（半月板切除、創面切除、ヒダ切除）リハビリテーションのための臨床プロトコル

頻度：週2〜3回
期間：術後2〜12週間（理学所見に基づく）

　自己管理基準を超えるような継続的治療を行うのは、以下の場合である：
1) 患者が失業中もしくは通常業務への復帰を急ぐ場合
2) 競技者が組織化されたアスレチックプログラムへ復帰する必要がある場合

### （1）術後評価（1週目）

目標：
1. 安静時に痛みがない、または最小である
2. 滲出液がある（1＋）
3. 能動的な関節可動域が−5から100度まである
4. プールでのプログラムへ移行するために、患者に同意書にサインをしてもらう
5. 術後エクササイズプログラムに対してコンプライアンスを得る

自己管理基準：
- 滲出液が少しある（1＋）。
- 大腿四頭筋（特に内側広筋斜走線維［VMO］）における十分な自発的収縮がある。この自発的収縮を確認するには、人さし指を膝蓋骨の上角に置き、患者が仰臥位において大腿四頭筋を自発的に収縮した時に、もし膝蓋骨が人さし指の指先に移動し、それが10mm上方に移動していれば十分な自発的収縮があると考えられる。
- 能動的伸展から125度までの能動的屈曲に左右差がない。
- 切開部の経過が良好であり、感染の兆候がない。
- 通常の歩行パターンである。

- 膝蓋骨の可動性において最小限の制限あるいは制限がない。
- 僅かな痛みあるいは痛みがない。

さらに患者は退院基準が満たされるまで、1〜2週間おきの経過観察と共に、自宅でのエクササイズプログラム、あるいは地元のフィットネスクラブにおいてエクササイズの指導を受けることができる。

もし患者が上記の基準を満たせなかった場合、基準が満たされるまで週2〜3回の通常のリハビリテーションが必要である。1週間の予約頻度は、患者の都合や仕事状況、スポーツ競技への復帰などの条件による。

退院基準：
- 股関節、膝関節、足関節の能動的可動域に左右差がない、もしくは健側の90％以内である。
- 膝蓋骨の可動性において、最小限の制限あるいは全く制限がない。
- 滲出液がない。
- VMOの十分なサイズと動員がある。
- 通常の歩行パターンである。
- 切開部の過敏症や癒着がない。
- 患者がアスリートではない場合、股関節や足関節周辺筋群、大腿四頭筋、ハムストリングの筋力が5段階中の4あるいは5である。
- フルスクワットや正座において痛みがない。
- 1/4マイル（約400m）のジョギングにおいて痛みがない。
- 自宅でのエクササイズプログラムをしっかりと理解し実施できる。
- 治癒の進展が認められない。
- 医療機関のルールに従わない。
- 設定した機能的あるいは客観的な目標に向かって継続的に前進している、もしくは満たしている。

## （2）術後1〜2週目

目標：
1. 痛みのない通常の歩行をする
2. 関節可動域0〜90度である
3. 大腿四頭筋、特にVMOの十分な収縮がある
4. 痛み、腫れ、滲出液を抑制する
5. 自宅におけるエクササイズプログラムを自分で行える

水中での構成要素：

- ウォーミングアップでは、前方、後方、側方の流水を用いて、十分にコントロールしながら左右対称になるようにハーフスクワットの姿勢で前方、後方、側方に歩行する。

- 前方からの流水を用いて、十分に大腿四頭筋および膝伸展の最終域付近を意識しながら水中での歩行トレーニングを行う。
- ベンチ、ステップ、プライオパッドを用いて、下腿三頭筋、大腿四頭筋、腸腰筋、ハムストリングの静的ストレッチを行う。

- ビート板上に足を置いて、膝関節の屈曲・伸展を90度まで行う。

- 前方、後方の流水を用いて、前方や後方への歩行およびマーチング動作をする。さらには、マーチング動作時に挙上側大腿部の下で手を叩きながら歩行する。

- 前方、後方の流水を用いて、前方や後方への通常歩行をし、さらに、脚を伸展した状態で前方や後方への歩行を行う。

- 前方、後方の流水を用いて、腸脛靭帯を伸ばすために脚を伸展した状態で股関節を水平内転させながら前方や後方への歩行をする。
- 前方、後方の流水を用いて、梨状筋歩行（梨状筋を伸ばすため 4 の字に脚を組みながら歩行）を前方および後方に行う。

- 前方、後方の流水を用いて、4 つ数えながら歩行キックを前方および後方に行う。

- 前方、後方、側方の流水を用いて、脚を伸展した状態で股関節を 4 方向（屈曲、伸展、外転、内転）へ動かす。

- 荷重を均等にし、機能的スクワットの姿勢で、層流の中でウォールスライドあるいは 90 度までのスクワットをプール中央のエリアやベンチで行う。

- 後方からの流水を用いて、ターミナル・ニーエクステンションを行う。

- 荷重を均等にし、層流を用いて、立位での体重移動動作をする。さらに、バランスの難易度を上げるために、片足立ちバランスを行う。

- 前方、後方の流水を用いて、体幹の安定化のためにビート板を水中の下方に押す動作をしながら前方および後方に歩行する。

- 前方、後方の流水を用いて、体幹の安定化のためにビート板を前方に押す動作や前方から身体に引き付ける動作をしながら前方や後方に歩行する。

- 膝がつま先より出ないように気をつけながら、ベンチやステップを利用して前方あるいは側方にステップアップを行う。

- 心肺機能プログラムとして、層流を用いた深水でのランニングやアクアバイク（自転車漕ぎ）を行う。

※もし可能であれば、層流の中で、フィン、フロート、ハイドロトーンなどを用いることで難易度を上げることができる。

陸上での構成要素：
- 浮腫を減少させるための治療をする。
- 徒手による下肢筋群のストレッチを行い、特に、大腿四頭筋、ハムストリング、梨状筋、腸脛靭帯に重点を置く。
- 必要な場合は、徒手による膝蓋骨のモービリゼーションを内側グライド、ティルト、上方グライドに重点を置いて実施する。
- 切開部への軟組織のモービリゼーションや脱感作療法を行う。
- バランスおよび固有感覚受容器の改善のために、体重移動や片足立ちバランスエクササイズを行う。
- 大腿四頭筋のVMOに重点を置いて、クワッドセット（大腿四頭筋の等尺性収縮）を行う。必要に応じて、電気治療器による刺激やバイオフィードバックを併用する。
- CKCエクササイズを含んだ強化トレーニングを行う。必要に応じて電気治療器による刺激を用いる。また、痛みのない関節可動域内でトータルジム、ヒールレイズやトウレイズ、ボールを挟みながら股関節内転エクササイズを行う。
- セラバンドやカフウェイトを用いた自宅でのエクササイズプログラムを行う。プログラム内容は以下の通りである：伏臥位、立位、座位でのハムストリングカール、立位での複数の面上におけるストレートレッグレイズ、立位および座位でのヒールレイズ、ウォールスクワット、セラバンドによる足関節エクササイズを行う。最初は、関節可動域の中間域（20～80度）でのCKCエクササイズによる強化トレーニングに重点を置く。例えば、自重によるハーフスクワット、腹筋や背筋を含む体幹強化プログラムのトレーニングを実施することができる。

※ OKCエクササイズによるレッグエクステンションによる負荷をかけないようにする。

## （3）術後2～6週目

目標：
1. 関節可動域0～125度である
2. 大腿四頭筋およびVMOのコントロールが十分である
3. 痛み、腫れ、滲出液を抑制する
4. 下肢筋力および筋持久力を向上させる
5. 固有感覚受容器、バランス、コーディネーションを向上させる
6. スポーツの特異的活動に向けて準備する
7. 自力で階段昇降が可能である

水中での構成要素：

- 前方、後方の流水を用いて、前方や後方にランジしながら歩行する。

- 前方、後方の流水を用いて、メディスンボールを使った体幹回旋動作をしながら前方や後方にランジしながら歩行する。

- 下肢のアライメントに特別注意を払いながら、前方あるいは側方のステップアップやステップダウンを行う。また、ベンチやステップの高さを高くし、前方や後方の流水を用いることで負荷を上げる。

- 体重移動やバランスのために、側方からの流水を用いて、側方へのハイステップしながら歩行する。

- 前方、後方、側方の流水を用いて、片脚立ちバランスをしながら、メディスンボールを持って対角線上でウッドチョップ動作を行う。

- 前方、後方、側方の流水を用いて、クロスステップをしながら前方、後方、側方に歩行する。

- 前方からの流水を用いて、水中でメディスンボールをパスしながらランジを行う。

- 大腿四頭筋のコントロールが十分な場合はプライオメトリックスを開始する（スクワットジャンプ、タックジャンプ、ボックスジャンプ、デプスジャンプ、180度ジャンプ、ブロードジャンプ）。

- 水深や層流の速度を変えることで漸進させながら、両脚あるいは片脚スクワットを継続する。

- 前方、後方の流水を用いて、メディスンボールを持った状態で片脚天秤立ちを行う。

- ビート板上に足を載せて、股関節屈曲・伸展を行う。このビート板によるエクササイズを漸進させるために、前方や側方の流水の中で、スノーブーツを履いたような動きで前方あるいは側方移動を行う。

- 前方、後方の流水を用いて、両脚あるいは片脚でビート板上に載りスクワットを行う。

- ビート板上でバランスを取りながら立ち、前方、後方の流水に対して、上肢を使いながら前方や後方へ推進する動作を行う。

- 股関節および膝関節屈曲に重点を置き、ランニング動作をしながら仰臥位から伏臥位へ、伏臥位から仰臥位へ姿勢を変える。

- 流水を用いて、ランニングパッド上や深水での心肺機能エクササイズを継続する。

- 前方、後方、側方からの流水速度を上げて、ワークステーション上でのアジリティワークをする（フィギュア8、キャリオカ、シャッフル、フットファイア）。

- 層流の中で、大腿四頭筋のコントロールに注意を払って、ランニングパッド上で前方、側方、後方のランニングをする。

- 必要に応じて、スポーツの特異的エクササイズを行う。

- 流水に対して、バタ足を行う。

※もし可能であれば、層流の中で、フィン、フロート、ハイドロトーンなどを用いることで難易度を上げることができる。

陸上での構成要素：
- 術後1～2週目の治療を継続する。
- 心肺機能エクササイズを増やすためにUBEを使用する。
- 痛みが全くなければOKCのレッグエクステンションを開始することができる。もし触診で捻髪音が確認できる場合は、膝関節伸展可動域の最終の30度は避けて行う。
- 制限可動域内で強化プログラムを片脚によるCKCエクササイズへ発展させる。
- 陸上でのバランス、固有感覚受容器、アジリティエクササイズを発展させる（片脚バランスによるプライオトス、チューブを用いてのバランスやアジリティエクササイズ、バランスボードエクササイズ、半円形サイズによるフォームローラーエクササイズ）。
- 等張性エクササイズやバランスエクササイズを含む自宅でのエクササイズプログラムを発展させる。

## （4）術後6～12週目

目標：
1. 関節可動域0～135度である
2. 筋力と筋持久力を向上させる
3. 痛みと腫れを抑制する
4. この段階では、完全に陸上トレーニングに移行する
5. フィットネスクラブにおいて自分でエクササイズプログラムを実施できる

陸上での構成要素：
- 術後2〜6週目の治療を継続する。
- チューブを用いて側方の動作を開始する（前方、後方、側方、側方ステップアップ、ハードル）。
- ランニングプログラムを開始する（ミニトランポリンの上で開始し、痛みの許容範囲内でトレッドミルへ移行する）。
- ジョギングを許可された場合は、縄跳びを開始できる。

## （5）術後12〜24週目

目標：
1. 機能を改善させ、最大限にする
2. 筋力、筋持久力を最大限にする
3. 手術前の活動レベルへ復帰する
4. スポーツの特異的機能レベルへ復帰する

陸上での構成要素：
- 術後12週目の治療を継続する。
- プライオメトリックトレーニングを開始する（スクワットジャンプ、タックジャンプ、ボックスジャンプ、デプスジャンプ、180度ジャンプ、コーンジャンプ、ブロードジャンプ、シザージャンプ）。
- 方向転換やアジリティプログラムを開始する（ラテラルシャッフル、キャリオカ、フィギュア8）。
- 筋力およびコンディショニングに関するスポーツ特異的プログラムを開始する。

# 2 ◆ 膝関節内側側副靱帯損傷（MCL グレード 1）のための臨床プロトコル

頻度：週2〜3回
期間：4〜6週間（理学所見に基づく）、退院するまでの予想される治療期間は6〜12週間である。

自己管理基準を満たした以降の継続した正式な治療は、以下の場合許可される：
1) 患者が失業中、もしくは通常業務への復帰を急ぐ場合
2) 競技者が組織化されたアスレチックプログラムへ復帰する必要がある場合

## （1）初期評価

目標：
1. 以下の項目を評価する
   - 歩行パターン、能動的および受動的関節可動域、大腿四頭筋の動員、筋力、関節の不安定性、膝蓋骨の可動性、痛みや炎症
2. 痛みの許容範囲で能動的関節可動域を有する
3. 自宅でのエクササイズプログラムや浮腫減少の処置が自分でできる
4. 情報冊子の配布と共にプールプログラムへ移行する

自己管理基準を満たすまで、週2〜3回の正式なリハビリテーションを開始する。週当たりの予約頻度は、患者の都合や仕事状況などによる。

**自己管理基準**（約3〜6週間）：
- 股関節および足関節の能動的関節可動域に左右差がない。
- 膝関節の能動的関節可動域が0〜135度である。
- 大腿四頭筋（特にVMO）における十分な自発的収縮がある。
- 膝蓋骨の可動性において最小限の制限あるいは制限がない。
- 通常の歩行パターンである。
- 大腿四頭筋とハムストリングの筋力が5段階中の4以上である。
- 滲出液が少し（1＋）あるいは僅かである。

次に、患者は退院基準を満たすまで毎月定期的に診察を受けながら自宅でのエクササイズプログラム、あるいは地元のフィットネスクラブにおいてエクササイズの指導を受けることができる。

**退院基準**：
- 膝の不安定性が認められない。
- 健側と比べて、膝関節の能動的および受動的関節可動域の左右差がない。
- 健側と比べて、膝蓋骨の可動性に左右差がない。

- 滲出液がない。
- 股関節や足関節周辺筋群の筋力が5段階中の5である。
- 通常業務に復帰する。
- 設定した機能的および客観的評価を満たす、あるいはその評価基準に近づいている。
- 治癒の進展が認められない。
- 医療機関のルールに従わない。

多くの場合、内側側副靱帯損傷後の目標の一つとして、競技復帰することである。患者が競技復帰できる場合の基準は以下の通りである：
- 関節可動域に制限が全くない。
- 腫れがない。
- 関節の不安定性がない。
- 歩行やジョギングのプログラムが問題なくできる。
- 片足ホップテスト（距離テストと時間テスト）が、健側と比べて90％以内である。
- 理学療法士や医師から指示があれば、膝関節の内側部を安定させるヒンジが付いたニーブレースを装着する。

## （2）初期評価〜1週目

目標：
1. 外反ストレスを最小限にする
2. 痛みや腫れを除去する
3. 徐々に関節可動域を戻す
4. 筋力強化や固有感覚受容器の改善を開始する

荷重負荷：
- 痛みの許容範囲内で荷重する。

ブレースの装着：
- 内・外側にヒンジが付いたニーブレースを可能な限り使用する。

水中での構成要素：
- ウォーミングアップ では、前方、後方、側方の流れを用いて、十分にコントロールしながら左右対称になるようにハーフスクワットの姿勢で前方、後方、側方に歩行する。

- 十分に大腿四頭筋を意識しながら、水中での歩行トレーニングをする。
- 痛みの許容範囲の関節可動域において、ビート板上に足を置いて膝の屈曲・伸展を行う。

- 前方や後方への歩行およびマーチング動作をする。さらには、マーチング動作時に挙上側大腿部の下で手を叩きながら歩行する。

- 前方、後方の流水を用いて、前方や後方への通常歩行をし、さらに、脚を伸展した状態で前方や後方への歩行を行う。

- 前方、後方の流水を用いて、4つ数えながら歩行キックを前方および後方に行う。

- 前方、後方、側方の流水を用いて、脚を伸展した状態で股関節を4方向（屈曲、伸展、外転、内転）へ動かす。

- 荷重を均等にし、機能的なスクワットの姿勢で、層流の中でウォールスライドあるいは90度までのスクワットをプール中央のエリアやベンチで行う。

- 荷重を均等にし、層流を用いて、立位での体重移動動作をする。さらに、バランスの難易度を上げるために、片足立ちバランスを行う。

- 前方、後方の流水を用いて、前方や後方にランジしながら歩行する。

- 前方、後方の流水を用いて、体幹の安定化のためにビート板を水中の下方に押す動作をしながら前方および後方に歩行する。

- 前方、後方の流水を用いて、体幹の安定化のためにビート板を前方に押す動作や前方から身体に引き付ける動作をしながら前方や後方に歩行する。

- 層流の中で、膝のアライメントに注意しながらベンチや階段を利用して前方あるいは側方にステップアップを行う。

- 心肺機能エクササイズとして、様々な層流強度を用いて、深水でのランニング、アクアバイク、上半身のみのボクシング動作、インターバルトレーニングなどを行う。

※もし可能であれば、層流の中で、フィン、フロート、ハイドロトーンなどを用いることで難易度を上げることができる。

陸上での構成要素：
- 浮腫を減少させるための治療をする。
- 痛みの許容範囲内で下肢筋群のストレッチを行う。
- 徒手による膝蓋骨のモービリゼーションを内側グライドに重点を置いて実施する。
- バランスおよび固有感覚受容器の改善のために、動揺トレーニングを行う。
- レッグプレス、ステップアップ、フォワードランジ、スクワットなどのCKCエクササイズによる強化を行う。
- 負荷を上げたエアロバイクをはじめ、エリプティカルやステアクライマーを行う。
- 上半身エクササイズを行う。
- 体幹を安定させるトレーニングを行う。
- セラバンドなどを用いた等張性エクササイズを含む自宅でのエクササイズプログラムを行う。このプログラムは、腹筋、背筋、スクワット、カーフレイズ、マルチヒップエクササイズ、ハムストリングカール、足関節エクササイズを含む。

## （3）1～2週目

目標：
1. 外反ストレスを最小限にする
2. 関節可動域を完全に戻す
3. 筋力を完全に回復させる
4. 機能的動作を徐々に発展させる

荷重負荷：
- 制限なく全体重を荷重する。

ブレースの装着：
- 内・外側にヒンジが付いたニーブレースを可能な限り使用する。

水中での構成要素：
- 前方、後方の流水を用いて、メディスンボールを使った体幹回旋動作をしながら前方や後方にランジしながら歩行する。

- 側方の流れに向かって、メディスンボールを持ってラテラルランジを行う。

- 下肢のアライメントに特別注意を払いながら、前方あるいは側方のステップアップやステップダウンを行う。また、ベンチやステップの高さを高くし、前方や後方の流水を用いることで負荷を上げる。

- 前方、後方、側方の流水を用いて、片脚立ちバランスをしながら、メディスンボールを持って対角線上でウッドチョップ動作を行う。

- 前方からの流水を用いて、水中でメディスンボールをパスしながらランジを行う。

- 大腿四頭筋のコントロールが十分な場合はプライオメトリックスを開始する（スクワットジャンプ、タックジャンプ、ボックスジャンプ、デプスジャンプ、180度ジャンプ、ブロードジャンプ）。

- 水深や層流の速度を変えることで漸進させながら、両脚あるいは片脚スクワットを継続する。

- 前方、後方の流水を用いて、メディスンボールを持った状態で片脚天秤立ちを行う。

- ビート板上に足を載せて、股関節屈曲・伸展を行う。このビート板によるエクササイズを漸進させるために、前方や側方の流水の中で、スノーブーツを履いたような動きで前方あるいは側方移動を行う。

- 前方、後方の流水を用いて、両脚あるいは片脚でビート板上に載りスクワットを行う。

- ビート板上でバランスを取りながら立ち、前方、後方の流水に対して、上肢を使いながら前方や後方へ推進する動作を行う。

- 層流の中で、ランニングパッド上や深水での心肺機能エクササイズを継続する。
- 前方、後方、側方からの流水速度を上げて、ワークステーション上でのアジリティワークをする（フィギュア8、キャリオカ、シャッフル、フットファイア）。

- 層流の中で、大腿四頭筋のコントロールに注意を払って、ランニングパッド上で前方、側方、後方のランニングをする。

- 必要に応じて、スポーツの特異的エクササイズを行う。

- 流水に対して、バタ足を行う。

※もし可能であれば、層流の中で、フィン、フロート、ハイドロトーンなどを用いることで難易度を上げることができる。

陸上での構成要素：
- 術後1週目の治療を継続する。
- 心肺機能エクササイズを増やすために UBE を使用する。
- ラテラルランジのエクササイズを導入する。
- 等速性エクササイズによる大腿四頭筋およびハムストリングスの強化を行う。
- 痛みの許容範囲内で強化プログラムを片脚による CKC エクササイズへ発展させる。
- 陸上でのバランス、固有感覚受容器、アジリティエクササイズを発展させる（片脚バランスによるプライオトス、チューブを用いてのバランスやアジリティエクササイズ、バランスボードエクササイズ、半円形サイズによるフォームローラーエクササイズ、ステップオーバーエクササイズ）。
- 健側の75％まで筋力が回復している場合は、プライオメトリックス、アジリティ、スポーツの特異的エクササイズなどを開始する。
- 等張性エクササイズやバランスエクササイズを含む自宅でのエクササイズプログラムを発展させる。

## （4）2週目以降

目標：
1. 痛みがない、もしくは不安定性がない状態で受傷前の活動レベルに復帰する
2. この時点で陸上での治療に完全に移行する

荷重負荷：
- 制限なく全体重を荷重する。

ブレースの装着：
- 内・外側にヒンジが付いたニーブレースを可能な限り使用する。

陸上での構成要素：
- 1～2週目の治療を継続する。
- 健側の75％まで筋力が回復している場合は、ランニングプログラムを開始する。ランニングプログラムは、ミニトランポリン上から始め、段階的にトレッドミル上でのランニングに移行する。
- 下肢全体の筋力強化をする（等張性収縮、等速性収縮、OKC、CKC）。
- 1～3週目にバイオデックス（Biodex）による筋力テストを行う。

# 3 ◆ 膝関節内側側副靱帯損傷（グレード2）のための臨床プロトコル

頻度：週2～3回
期間：4～6週間（理学所見に基づく）、退院するまでの予想される治療期間は6～12週間である。
　自己管理基準を満たした以降の継続した正式な治療は、以下の場合許可される：
　1) 患者が失業中、もしくは通常業務への復帰を急ぐ場合
　2) 競技者が組織化されたアスレチックプログラムへ復帰する必要がある場合

## （1）初期評価

目標：
1. 以下の項目を評価する
   - 歩行パターン、能動的および受動的関節可動域、大腿四頭筋の動員、筋力、関節の不安定性、膝蓋骨の可動性、痛みや炎症
2. 能動的な関節可動域が－10から135度である
3. 自宅でのエクササイズプログラムや浮腫減少の処置が自分でできる
4. 情報冊子の配布と共にプールプログラムへ移行する

　自己管理基準を満たすまで、週2～3回の正式なリハビリテーションを開始する。週当たりの予約頻度は、患者の都合や仕事状況などによる。

自己管理基準（約3～6週間）：
- 股関節および足関節の能動的関節可動域に左右差がない。
- 膝関節の能動的関節可動域が0～135度である。
- 大腿四頭筋（特にVMO）における十分な自発的収縮がある。
- 膝蓋骨の可動性において最小限の制限あるいは制限がない。
- 健常な歩行パターンである。
- 大腿四頭筋とハムストリングの筋力が5段階中の4以上である。
- 滲出液が少し（1＋）あるいは僅かである。

　次に、患者は退院基準を満たすまで毎月定期的に診察を受けながら自宅でのエクササイズプログラム、あるいは地元のフィットネスクラブにおいてエクササイズの指導を受けることができる。

退院基準：
- 膝の不安定性が認められない。
- 健側と比べて、膝関節の能動的および受動的関節可動域の左右差がない。
- 健側と比べて、膝蓋骨の可動性に左右差がない。
- 滲出液がない。

- 股関節や足関節周辺筋群の筋力が5段階中の5である。
- 通常業務に復帰する。
- 設定した機能的および客観的評価を満たす、あるいはその評価基準に近づいている。
- 治癒の進展が認められない。
- 医療機関のルールに従わない。

多くの場合、内側側副靭帯損傷後の目標の一つとして、競技復帰することである。患者が競技復帰できる場合の基準は以下の通りである：
- 関節可動域に制限が全くない。
- 腫れがない。
- 関節の不安定性がない。
- 歩行やジョギングのプログラムが問題なくできる。
- 片足ホップテスト（距離テストと時間テスト）が、健側と比べて90％以内である。
- 理学療法士や医師から指示があれば、膝関節の内側部を安定させるヒンジが付いたニーブレースを装着する。

## （2）初期評価〜2週目

目標：
1. 外反ストレスを最小限にする
2. 痛みや腫れを除去する
3. 関節可動域−10〜135度である
4. 筋力強化や固有感覚受容器の改善を開始する

荷重負荷：
- 痛みの許容範囲内で荷重する。

ブレースの装着：
- 内・外側にヒンジが付いたニーブレースを使用し、全荷重時には10度までの伸展制限をする。

予防措置：
- 内側側副靭帯の治癒を優先させるため全てのエクササイズにおいて、膝伸展の最終可動域付近の動きは避ける。

水中での構成要素：

- ウォーミングアップでは、前方、後方、側方の流れを用いて、十分にコントロールしながら左右対称になるようにハーフスクワットの姿勢で前方、後方、側方に歩行する。

- 十分に大腿四頭筋を意識しながら、水中での歩行トレーニングをする。なお膝伸展の最終可動域付近での動きは避ける。
- 痛みの許容範囲の関節可動域において、ビート板を用いて膝の屈曲・伸展を行う。

- 前方や後方への歩行およびマーチング動作をする。さらには、マーチング動作時に挙上側大腿部の下で手を叩きながら歩行する。

- 前方、後方の流水を用いて、前方や後方への通常歩行をし、さらに、脚を伸展した状態で前方や後方への歩行を行う。

- 前方、後方の流水を用いて、4つ数えながら歩行キックを前方および後方に行う。

- 前方、後方、側方の流水を用いて、脚を伸展した状態で股関節を 4 方向（屈曲、伸展、外転、内転）へ動かす。

- 荷重を均等にし、機能的なスクワットの姿勢で、層流の中でウォールスライドあるいは 90 度までのスクワットをプール中央のエリアやベンチで行う。

- 荷重を均等にし、層流を用いて、立位での体重移動動作をする。さらに、バランスの難易度を上げるために、片足立ちバランスを行う。

- 前方、後方の流水を用いて、前方や後方にランジしながら歩行する。

- 前方、後方の流水を用いて、体幹の安定化のためにビート板を水中の下方に押す動作をしながら前方および後方に歩行する。

- 前方、後方の流水を用いて、体幹の安定化のためにビート板を前方に押す動作や前方から身体に引き付ける動作をしながら前方や後方に歩行する。

- 層流を用いて、膝のアライメントに注意しながらベンチや階段を利用して前方あるいは側方にステップアップを行う。

- 心肺機能エクササイズとして、様々な層流強度を用いて、深水でのランニング、アクアバイク、上半身のみのボクシング動作、インターバルトレーニングなどを行う。

※もし可能であれば、層流の中で、フィン、フロート、ハイドロトーンなどを用いることで難易度を上げることができる。

**陸上での構成要素：**
- 浮腫を減少させるための治療をする。
- 関節可動域制限に合わせてそれぞれの下肢筋肉群のストレッチを行う（大腿四頭筋、ハムストリングス、下腿三頭筋）。
- 徒手による膝蓋骨のモービリゼーションを内側グライドに重点を置いて実施する。
- 内側側副靱帯の走行に対してフリクションマッサージを行う。
- バランスおよび固有感覚受容器の改善のために、動揺トレーニングを行う。
- 大腿四頭筋およびハムストリングスの等尺性トレーニングを膝関節角度10度、30度、50度、70度、90度でそれぞれ行う。
- レッグプレス、ステップアップ、フォワードランジ、スクワットなどのCKCエクササイズによる強化を行う。
- 負荷を上げたエアロバイクをはじめ、エリプティカルやステアクライマーを行う。
- 上半身エクササイズを行う。
- 体幹を安定させるトレーニングを行う。
- セラバンドなどを用いた等張性エクササイズを含む自宅でのエクササイズプログラムを行う。

このプログラムは、腹筋、背筋、スクワット、カーフレイズ、マルチヒップエクササイズ、ハムストリングカール、足関節エクササイズを含む。

## （3）2～4週目

目標：
1. 外反ストレスを最小限にする
2. 関節可動域0～135度である
3. VMOの十分な収縮がある
4. 滲出液がある（1＋）

荷重負荷：
- 制限なしで全荷重をする。

ブレースの装着：
- 内・外側にヒンジが付いたニーブレースを使用し、運動や仕事時には膝伸展制限を10度までとする。

水中での構成要素：2～4週目の第1段階
- 十分な大腿四頭筋コントロールや膝伸展最終可動域を意識しながら、水中で歩行トレーニングを行う。
- 前方、後方の流水を用いて、メディスンボールを使った体幹回旋動作をしながら前方や後方にランジしながら歩行する。

- 側方の流れに向かって、メディスンボールを持ってラテラルランジを行う。

- 下肢のアライメントに特別注意を払いながら、前方あるいは側方のステップアップやステップダウンを行う。また、ベンチやステップの高さを高くし、前方や後方の流水を用いることで負荷を上げる。

水中での構成要素：2～4週目の第2段階

- 前方、後方、側方の流水を用いて、片脚立ちバランスをしながら、メディスンボールを持って対角線上でウッドチョップ動作を行う。

- 前方からの流水を用いて、水中でメディスンボールをパスしながらランジを行う。

- 大腿四頭筋のコントロールが十分な場合はプライオメトリックスを開始する（スクワットジャンプ、タックジャンプ、ボックスジャンプ、デプスジャンプ、180度ジャンプ、ブロードジャンプ）。

- 水深や層流の速度を変えることで漸進させながら、両脚あるいは片脚スクワットを継続する。

- 前方、後方の流水を用いて、メディスンボールを持った状態で片脚天秤立ちを行う。

- ビート板上に足を載せて、股関節屈曲・伸展を行う。このビート板によるエクササイズを漸進させるために、前方や側方の流水の中で、スノーブーツを履いたような動きで前方あるいは側方移動を行う。

- 前方、後方の流水を用いて、両脚あるいは片脚でビート板上に載りスクワットを行う。

- ビート板上でバランスを取りながら立ち、前方、後方の流水に対して、上肢を使いながら前方や後方へ推進する動作を行う。

- 層流の中で、ランニングパッド上や深水での心肺機能エクササイズを継続する。
- 前方、後方、側方からの流水速度を上げて、ワークステーション上でのアジリティワークをする（フィギュア8、キャリオカ、シャッフル、フットファイア）。

- 層流の中で、大腿四頭筋のコントロールに注意を払って、ランニングパッド上で前方、側方、後方のランニングをする。

- 必要に応じて、スポーツの特異的エクササイズを行う。

- 流水に対して、バタ足をする。

※もし可能であれば、層流の中で、フィン、フロート、ハイドロトーンなどを用いることで難易度を上げることができる。

**陸上での構成要素：**
- 術後2週目の治療を継続する。
- 心肺機能エクササイズを増やすためにUBEを使用する。
- ラテラルランジのエクササイズを導入する。
- 等速性エクササイズによる大腿四頭筋およびハムストリングスの強化を行う。
- 痛みの許容範囲内で強化プログラムを片脚によるCKCエクササイズへ発展させる。
- 陸上でのバランス、固有感覚受容器、アジリティエクササイズを発展させる（片脚バランスによるプライオトス、チューブを用いてのバランスやアジリティエクササイズ、バランスボードエクササイズ、半円形サイズによるフォームローラーエクササイズ、ステップオーバーエクササイズ）。
- 術後3週目で健側の75％まで筋力が回復している場合は、ランニングを開始する。
- 術後4週目で健側の75％まで筋力が回復している場合は、プライオメトリックス、アジリティ、スポーツの特異的エクササイズなどを開始する。
- 等張性エクササイズやバランスエクササイズを含む自宅でのエクササイズプログラムを発展させる。

## (4) 4～5週目

目標：
1. 自己管理基準を満たす
2. この段階（4～5週目）で完全に陸上での治療に移行する

荷重負荷：
- 制限なしで全荷重をする。

ブレースの装着：
- 8週目までは、運動や仕事時に内・外側にヒンジが付いたニーブレースを使用する。

陸上での構成要素：
- 2～4週目の治療を継続する
- 健側の75％まで筋力が回復している場合は、ランニングプログラムを開始する。ランニングプログラムは、ミニトランポリン上から始め、段階的にトレッドミル上でのランニングに移行する。
- 下肢全体の筋力強化をする（等張性収縮、等速性収縮、OKC、CKC）。また、ファンクショナルトレーニングも開始する。
- ステアクライマー、エリプティカル、トレッドミル、エアロバイクを用いて有酸素的コンディショニングの向上を継続する。
- 包括的な自宅でエクササイズプログラムを継続する。
- 3～5週目にバイオデックスによる筋力テストを行う。

# 4. 膝関節前十字靭帯(ACL)の再建手術リハビリテーションのための臨床プロトコル

頻度：週2～3回

期間：術後4～16週間（理学所見に基づく）

自己管理基準を超えるような継続的治療を行うのは、以下の場合である：

1) 患者が失業中もしくは通常業務への復帰が急がれる場合
2) 競技者が組織化されたアスレチックプログラムへ復帰する必要がある場合

## (1) 術後評価（術後1週間）

目標：

1. 以下の項目を評価する
   - 歩行パターン、能動的および受動的関節可動域（特に伸展を重視）、膝蓋骨の可動性、大腿四頭筋の動員、痛み・炎症、切開部の回復状況
2. 受動的伸展が0度である
3. 術後のエクササイズプログラムおよび浮腫減少ための治療方法を再検討する
4. 患者をプールプログラムへ移行する

患者は退院基準が満たされるまで、週2～3回の通常のリハビリテーションを開始する。1週間の予約頻度は、患者の都合や仕事状況、スポーツ競技への復帰などの条件による。

自己管理基準（術後約8～10週間）：

- 股関節と足関節の能動的関節可動域に左右差がない。
- 膝関節の能動的関節可動域が0から130度である。
- 膝蓋骨の可動性において最小限の制限あるいは制限がない。
- 大腿四頭筋（特にVMO）における十分な自発的収縮がある。
- 通常の歩行パターンである。
- 滲出液が僅かあるいは、少し（1+）である。
- 切開部の経過が良好であり、感染の兆候がない。

さらに、患者は退院基準が満たされるまで、毎月の経過観察と共に、自宅でのエクササイズプログラム、あるいは地元のフィットネスクラブにおいてエクササイズの指導を受けることができる。

退院基準：

- 膝関節の不安定性がない。
- 膝関節の能動的および受動的関節可動域において、健側と比べて左右差がない。
- 膝蓋骨の可動性において、健側と比べて左右差がない。

- 滲出液がない。
- VMO の十分なサイズと動員がある。
- 切開部の過敏症や癒着がない。
- 股関節および足関節周辺筋群の筋力が5段階中の5である。
- 職場復帰できる。
- 設定した機能的あるいは客観的な目標に向かって継続的に前進している、もしくは十分に満たしている。
- 治癒の進展が認められない。
- 医療機関のルールに従わない。

**予防措置と関連事項：**

　本人から移植片を用いた ACL 再建手術の場合、ハムストリングや膝蓋腱から摘出した場所に起こりうる問題は考慮しなくてもよい。しかしながら、より長い治癒時間が必要なため、エクササイズの漸進度合いもより時間を要する必要がある。リハビリテーションにおいて、早期に膝関節の完全伸展をさせることは、膝伸展の機能不全を避け、大腿四頭筋の自発的収縮を獲得するために重要な役割を果たす。

　膝蓋腱を用いた ACL 再建手術は、膝関節前面の痛みや膝伸展の機能不全のリスクがかなりあり、加えて、膝蓋骨骨折のリスクも僅かではあるが考えられる。膝蓋大腿関節の痛みは、テーピング、物理療法、エクササイズによる身体機能の修正によって治療する必要がある。筋力トレーニングの際は、特に、大腿骨の内旋や内転の動作が起きないように細心の注意を払うべきである。このような症状を持っている場合は、初期のリハビリにおいて神経筋電気刺激（NMES）を用いることも効果的である。

　もし ACL 再建手術が下記の状況で同時に行われた場合、推奨事項は以下の通りである：
1) 半月板切除術：変更点は特に必要ない。
2) 半月板修復術：最低でも4週間は、荷重と屈曲を同時に行わない。もしくは90度以上の屈曲をしない。
3) 微細骨折：4週間は荷重しない、その後2週間の部分荷重を行う。
4) 内側側副靭帯損傷（MCL）：運動中はブレースを使用する（ただし医師の判断を仰ぐ）。また、4～6週間は矢状面上の動きを制限する必要がある。
5) 後十字靭帯損傷（PCL）：ACL 損傷よりも保守的な PCL プロトコルに従う必要がある。
6) 軟骨軟化症：症状が出ている部位や度合い（1～4度）は医師の診断を仰ぐ必要がある。また、症状が出ている部位や度合いの違いにより治療プログラムを考慮する必要がある。
7) 軟骨形成術：変更点は特に必要ないが、もし痛みにより動きが制限される場合は、患部に負荷をかけないようなニーブレースを装着することを検討する。

　ACL 再建手術後にスポーツ競技に復帰することを目標とする場合は、下記の基準を満たす必要がある：
- 手術後最低でも6～9ヶ月経過している。

- 関節可動域が完全に回復している。
- 腫れがない。
- ジョギングやランニングプログラムを完遂できる。
- 等速性テストにおいて、健側と比較して90％以上である。
- 片足ホップテストの距離が、健側と比較して90％以上である。
- 片足ホップテストのタイムが、健側と比較して90％以上である。
- 医師や理学療法士によって必要と判断された場合は、機能的なニーブレースを使用する。

## （2）術後〜6週目

目標：
1. 移植片を保護する
2. 炎症や痛みをコントロールする
3. ガイドラインに沿って段階的に関節可動域を改善する
4. 大腿四頭筋を十分にコントロールできる
5. 患部固定による悪影響を防ぐ
6. ブレースを装着した状態、もしくは装着しない状態で通常の歩行ができる
7. 自宅でのエクササイズプログラムを自分で実施できる

ブレースの装着：
- 術後〜2週目：0〜90度に設定する。ただし、歩行や睡眠中はロックする。
- 2週目以降：0〜135度に設定する。もし患者が歩行中に大腿四頭筋を十分にコントロールでき、膝を屈曲せずに移動することができる場合は、ブレースの使用を中止してもよい。関節血腫や膝関節の伸展可動域に問題がある場合は、就寝時に0度に固定したブレースを装着する必要がある。

荷重負荷：
- 痛みの許容範囲に応じて、歩行時に荷重を行う。大腿四頭筋のコントロールが改善すれば、松葉杖の使用を止め、膝を屈曲しないで歩行するように促す。

関節可動域：
- 術後〜2週目：0〜90度を目指す。最初は膝関節を伸展させることに重点を置き、徐々に屈曲させることに進展させる。
- 2〜4週目：0〜125度を目指す。
- 6週目以降：健側と同様に完全な関節可動域を目指す。

**水中での構成要素（術後～6週目）：**

- ウォーミングアップでは、前方、後方の流水を用いて、ハーフスクワットの姿勢で前方、後方、側方に歩行する。また、側方からの流水では、両足に荷重を均等にするように歩行する。

- 十分な大腿四頭筋コントロールを意識しながら、水中での歩行トレーニングを行う。また、前方、後方からの流水を用いて、膝関節を屈曲しないように意識しながら歩行する。
- 前方、後方の流水を用いて、前方や後方への歩行およびマーチング動作をする。さらには、マーチング動作時に挙上側大腿部の下で手を叩きながら歩行する。

- 前方、後方の流水を用いて、前方や後方への通常歩行をし、さらに、脚を伸展した状態で前方や後方への歩行を行う。

- 前方、後方の流水を用いて、前方や後方への歩行をする。さらに、歩行時に背部で両手を叩きながら歩行する。

- 前方、後方の流水を用いて、4つ数えながら歩行キックを前方および後方に行う。

- 前方、後方、側方の流水を用いて、脚を伸展した状態で股関節を4方向（屈曲、伸展、外転、内転）へ動かす。

- 後方からの流水を用いて、ターミナル・ニーエクステンションを行う。

- 後方からの流水を用いて、座位あるいは立位にて0～90度の範囲内でハムストリングカールを行う。

- 前方、後方、側方の流水を用いて、関節可動域および固有感覚受容器を意識しながら、ビート板上に足を置いて膝関節の屈曲・伸展を行う。

- 下肢筋群全体の強化として、前方、後方、側方の流水を用いて、前方、後方、側方へカニ歩きをし、また、後方の流水を用いて、股関節を外旋しながら後ろ歩きをするなど、股関節の外転筋群や外旋筋の強化へ焦点をあてる。

- CKCエクササイズとして、前方、側方からの流水を用いて、膝のアライメントに注意を払いながら、ベンチやステップを利用して前方あるいは側方にステップアップを行う。

- 前方、後方、側方の流水を用いて、膝関節および膝蓋骨のアライメントに注意を払いながら、前方、後方、側方にランジしながら歩行する。その際に、最初は膝関節の可動域を考慮しながら、部分的なランジから段階的に通常のランジに進展させる。

- 層流の中で、荷重を均等にし、ベンチやステップ上でハーフスクワットから開始し、プール中央のエリアで90度までのスクワットに進展させる。

- 層流の中で、バランスや固有感覚受容器のエクササイズとして、両足立ちバランスから片足立ちバランスに進展させる。

- 前方、後方の流水を用いて、体幹の安定化のためにビート板を水中の下方に押す動作をしながら立位姿勢を保持する。また、層流の中で、1〜3kgのメディスンボールを加えたエクササイズをしてもよい。

- 層流の中で、チューブを用いて両足あるいは片足で動揺トレーニングを行う。

- 流水を用いて、ランニングパッド上や深水での心肺機能エクササイズを行う。

※もし可能であれば、層流の中で、フィン、フロート、ハイドロトーンなどを用いることで難易度を上げることができる。

**陸上での構成要素（術後〜6週目）：**
- 能動的ウォームアップとして、関節可動域を改善するためにエアロバイクを行い、段階的に負荷をつけてエアロバイクを行う。
- 浮腫を減少させるための治療をする。
- 必要に応じて、歩行トレーニングをする。
- 膝関節の完全伸展を目指すためにストレッチを行い、その後ガイドラインに沿い徐々に屈曲可動域を改善していく。もし膝関節の後方関節包の緊張による伸展制限がある場合は、仰臥位において伸展方向への荷重をする必要がある。
- もし可動域制限があれば、徒手による膝蓋骨のモービリゼーションを行う。必要に応じて、より強度の高いモービリゼーションを行い、特に、内側グライド、ティルト、上方グライド、後方ティルトに重点を置いて実施する。
- ハムストリング、腓腹筋、ヒラメ筋の柔軟性エクササイズを行う。その他の下肢筋群に関しては、患者自身がセルフストレッチを行う。
- 瘢痕組織に対しては、フリクションマッサージを行う。
- もし様々な関節角度（90度、60度、30度）による等尺性トレーニングにおいて、筋力発揮の抑制が認められた場合、VMOの再教育を目的とした電気治療（EMG、NMS）を行う。
- 筋力トレーニングとして、下肢のアライメントに注意しながら、痛みがない関節可動域内でのエクササイズを行う。特に、ガイドラインに沿ったCKCエクササイズとして、レッグプレス、ヒールレイズ、股関節の多方向エクササイズ、ステップアップ、パーシャルスクワット、ランジ等を行う。

- ガイドラインに沿ったOKCエクササイズとして、ハムストリングカールを完全可動域で行うようにする。
- バランスあるいは固有感覚受容器エクササイズとして、両足から片足の静的エクササイズから動的エクササイズへ移行する。
- 自宅でのエクササイズにおいて、柔軟性プログラムやCKCエクササイズを含んだ包括的なプログラムに発展させる。

## （3）術後6〜12週目

目標：
1. 膝関節の滲出液を最小限にする
2. 6〜8週目までには、完全に可動域を回復させる
3. ブレースを使用しないで通常の歩行ができる
4. 自宅でのエクササイズを自ら進展させることができる
5. この期間の終盤には全てのプログラムを陸上で行うように進展させる

ブレースの装着：
- 膝関節用のスリーブを医師の推薦や患者の活動状況に応じて使用する。

関節可動域：
- 6〜8週目までには、完全に関節可動域を回復させる。

予防措置：
- 10〜12週目までは関節の捻りやピボット動作は避ける。

水中での構成要素（6〜12週目）：
- 術後〜6週目の治療を継続する。
- 流水速度を上げて、ウォーミングアップとしての歩行や歩行トレーニングを継続する。
- 必要に応じて、ストレッチを継続する。
- CKCエクササイズとして、層流の中で、下肢のアライメントに注意を払いながら、スクワットの角度を増やして継続する。さらに、ワークステーションやステップの高さを上げることで漸進させ、もし下肢が十分コントロールできる場合は、片足スクワットに進展させてもよい。

- OKCエクササイズとして、後方からの流水を用いて、座位あるいは立位でハムストリングカール（0～90度）を継続する。また、流水に対して座位でレッグエクステンション（90～30度）を行う。

- 前方、後方の流水を用いて、メディスンボールを使った体幹回旋動作をしながら前方や後方にランジしながら歩行する。

- 前方、後方、側方の流水を用いて、セラバンドを足首に巻いた状態でカニ歩きを前方、後方、側方に行うことで股関節周辺筋群の強化を行う。

- ビート板上に足を載せて、股関節屈曲・伸展を行う。このビート板によるエクササイズを漸進させるために、前方や側方の流水の中で、スノーブーツを履いたような動きで前方あるいは側方移動を行う。

- 前方、後方、側方からの流水を用いて、ワークステーションやステップの高さを変えて前方、側方のステップアップを行う。
- 層流の中で、下肢のアライメントに注意しながら、高さの低いワークステーションやステップからステップダウンを開始する。

- 前方、後方、側方の流水を用いて、片脚立ちバランスをしながら、メディスンボールを持って対角線上でウッドチョップ動作、メディスンボールを前方や側方へ投げる動作、ビート板を押す・引く動作を行う。

- 前方からの流水を用いて、バランスや固有感覚受容器エクササイズとして、メディスンボールを持って回旋動作や水中でのメディスンボールパスを継続する。

- 層流の中で、チューブを用いて両足あるいは片足で動揺トレーニングを継続する。
- 層流の中で、ベンチ、ステップ、ワークステーションを用いて、ゆっくりと矢状面上のアジリティトレーニング（交互クイックステップ、フットファイアなど）を開始する。

- 層流の中で、軽度のプライオメトリックス（バウンディング、ロングジャンプ、ボックスジャンプなど）を開始する。その後、片足によるプライオメトリックス（縄跳びスキップ、片足バウンディング）へ進展させる。

- ビート板上で両足でバランスを取りながら立ち、層流の中で、上肢を使いながら180度や360度の回転動作を行う。

- 流水を用いて、ランニングパッド上や深水での心肺機能エクササイズを継続する。

※もし可能であれば、層流の中で、フィン、フロート、ハイドロトーンなどを用いることで難易度を上げることができる。

陸上での構成要素（6～12週目）：
- 術後～6週目の治療を継続する。
- 能動的ウォームアップとして、負荷を加えたエアロバイクやトレッドミル上での歩行を行う。
- 必要に応じて、膝関節の完全伸展および屈曲のためのストレッチを継続する。
- 必要に応じて、ハムストリング、ヒラメ筋、腓腹筋、腸腰筋の柔軟性エクササイズを行う。
- CKCエクササイズを両足から片足で行う種目へ移行する。例えば、レッグプレス、ヒールレイズ、股関節多方向トレーニング、ステップアップ、ステップダウン、BOSU上でのスクワットやランジ、セラバンドを用いたサイドステップ等を行う。
- OKCエクササイズを継続する。もし軟骨症がなければ、レッグカール（0～90度）やレッグエクステンション（90～30度）の等張性トレーニングを行う。
- 動的バランスあるいは固有感覚受容器エクササイズとして、両足から片足への動揺トレーニングへ移行することで難易度を上げる。
- CKCや機能的エクササイズを含む自宅でのエクササイズプログラムを継続する。

## （4）術後12～16週目

目標：
1. 退院基準を満たす

ブレースの装着：
- 膝関節用スリーブや機能的ブレースを医師の推薦や患者の高い活動レベルに応じて使用する。

陸上での構成要素（12～16週目）：
- 必要に応じて、6～12週目の治療を継続する。
- 柔軟性プログラムを継続する。
- 包括的な筋力トレーニングとして、体幹、ステップ、股関節の多方向トレーニング、レッグプレス、座位あるいは立位によるヒールレイズ、レッグカール、レッグエクステンション（90～30度）等を継続する。
- 心肺機能エクササイズとして、ステッパー、クロスカントリースキー、エアロバイク、ニューステップ、トレッドミル等を継続する。

- 低強度のプライオメトリックトレーニングを開始する。例えば、低い高さのボックスジャンプ、両足あるいは片足によるバウンデイング、縄跳び等を行う。
- 地元のフィットネスクラブにおいて、筋力、筋持久力、バランスを含めたストレングス＆コンディショニングプログラムを週3回行う。

## （5）術後16週目〜退院

目標：
1. 退院基準あるいは競技復帰の基準を満たす

- 今までに行っていた柔軟性、筋力、心肺機能プログラムを継続する。
- 機能的なリハビリテーションプログラムを継続する。その際に、動作やエクササイズをスポーツ競技の特異性を反映させる。
- 等速性テストや片足ホップテスト（距離とタイム）において、健側と比較して、90％以上必要である。
- 患者がレクリエーション目的でスポーツに参加する場合、あるいは競技スポーツへ復帰する場合には、機能的な膝関節の装具が必要か否かの判断は医師が決定する。通常、健側と比較して、大腿四頭筋、ハムストリング、下腿三頭筋の周径囲が2cm程度あれば、ブレースは必要である。

スポーツへの競技復帰・職場復帰のガイドライン：
- 12週目：痛みや腫れがなく、かつ、医師が許可した場合、ランニングを開始する。
- 16週目：プライオメトリック、アジリティドリル、方向転換の動きを開始する。
- 20〜24週目：スポーツ競技に復帰する場合は、医師の許可を得るのはもちろんであるが、健側と比較して、等速性テストで90％以上であること、またスポーツ競技の特異性を反映したドリルで十分なパフォーマンスを発揮することが必要条件となる。

# 5 ◆ 足関節捻挫のための臨床プロトコル

頻度：週1～2回
期間：2～4週間（理学所見に基づく）
　自己管理基準を超えるような継続的治療を行うのは、以下の場合である：
　1)患者が失業中の場合
　2)通常業務への復帰を急ぐ場合

## （1）初期評価（1週目）

目標：
1. 以下の項目を評価する
   - 能動的な関節可動域、筋力、浮腫、不安定性、バランス・固有感覚受容器、足部の形態、足関節のバイオメカニクス、姿勢の偏向、歩行パターン

自己管理基準：
- 滲出液が少しある（1＋）。
- 足関節周辺筋群の十分な自発的収縮がある（底屈、背屈、内反、外反の筋力が5段階中の4以上あること）。
- 足部の機能において大きな異常がない。
- 底屈、背屈、内反、外反における関節可動域が健側と比較して、平均で5度以内である。
- 通常の歩行パターンである。
- 僅かな痛みあるいは痛みがない。

　さらに、患者は退院基準が満たされるまで、1～2週間おきの経過観察と共に、自宅でのエクササイズプログラム、あるいは地元のフィットネスクラブにおいてエクササイズの指導を受けることができる。もし患者が上記の基準を満たせなかった場合、基準が満たされるまで週2～3回の通常のリハビリテーションが必要である。1週間の予約頻度は、患者の都合や仕事状況、スポーツ競技への復帰などの条件による。初期評価時に、プールプログラムへ移行をするために患者に情報冊子を配布し教育する。

退院基準（術後4～6ヶ月）：
- 股関節、膝関節、足関節の能動的可動域に左右差がない。
- 滲出液がない（もしくは腫れが1cm以下である）。
- 僅かな痛みあるいは痛みがない。
- 通常の歩行である。
- 股関節や膝関節周辺筋群の筋力が5段階中の4、足関節周辺筋群の筋力が5段階中の5である。

- 片足バランステスト（バランスや固有感覚受容器の機能）において左右差がない。
- 自宅でのエクササイズプログラムをしっかりと理解し実施できる。
- 職場復帰できる、あるいは受傷前の機能レベルに回復する（もし臨床的治療を受けている場合は、職場復帰を急ぐ必要はない）。
- スポーツへ競技復帰する（もし臨床的治療を受けている場合は、競技復帰を急ぐ必要はない）。
- 治癒の進展が認められない。
- 医療機関のルールに従わない。
- 設定した機能的あるいは客観的な目標に向かって継続的に前進している、もしくは満たしている。

## （2）1～3週目

目標：
1. 通常の歩行ができる
2. 通常の能動的な関節可動域がある
3. 痛みを減少させる
4. 浮腫を減少させる
5. 筋力を向上させる
6. バランス・固有感覚受容器の機能を改善する
7. コンディショニングを向上させる

荷重負荷：
- 通常の歩行ができるまで、松葉杖を使用する。

ブレースの装着：
- アクティブアンクルブレースを装着する。

水中での構成要素：
- ウォーミングアップでは、前方、後方の流水を用いて、ハーフスクワットの姿勢で前方、後方、側方に歩行する。また、側方からの流水では、両足に荷重を均等にするように歩行する。

- つま先から踵のアライメントに注意を払いながら、水中で歩行トレーニングを行う。
- 前方、後方の流水を用いて、前方や後方への歩行およびマーチング動作をする。さらには、マーチング動作時に挙上側大腿部の下で手を叩きながら歩行する。

- 前方、後方の流水を用いて、前方や後方への通常歩行をし、さらに、脚を伸展した状態で前方や後方への歩行を行う。

- 前方、後方の流水を用いて、前方や後方への歩行をする。さらに、歩行時に背部で両手を叩きながら歩行する。

- 前方、後方の流水を用いて、4つ数えながら歩行キックを前方および後方に行う。

- 前方、後方、側方の流水を用いて、クロスステップをしながら前方、後方、側方に歩行する。

- 前方、後方の流水を用いて、つま先歩きや踵歩きで前方、後方に歩行する。

- 前方、後方の流水を用いて、前方や後方にランジしながら歩行する。

- 前方、後方、側方の流水を用いて、関節可動域を意識しながら、ビート板上に足を置いて膝関節の屈曲・伸展を行う。

- 前方、後方、側方の流水を用いて、ビート板上に足を置き、足関節の固有感覚受容器を意識しながら BAPS ボード（バランスボード）エクササイズを行う。

- 前方、後方、側方の流水を用いて、脚を伸展した状態で股関節を4方向（屈曲、伸展、外転、内転）へ動かす。

- ベンチ、ステップ、プライオパッドを用いて、股関節屈筋群、大腿四頭筋、ハムストリング、下腿三頭筋の静的ストレッチを行う。

- 足関節の関節可動域を改善するためにステップランジを行う。

- 座位あるいは立位において、層流に対して等張性による背屈、底屈、内反、外反の強化を行う。

- 手すりを持って、スパイダーマン姿勢を取り、両足を壁につけ、足関節の関節可動域を促進するためにスパイダーマンの動きを行う。

- 荷重を均等にし、機能的なスクワットの姿勢で、層流の中でウォールスライドあるいは90度までのスクワットをプール中央のエリアやベンチで行う。

- 側方の流水に対して、メディスンボールを持ってサイドランジを行う。

- 側方からの流水を用いて、膝のアライメントに注意を払いながら、ベンチやステップを利用して前方あるいは側方にステップアップを行う。

- 層流の中で、バランスへ挑戦するため、下肢のアライメントに特別注意を払いながらステップダウンを行う。

- 層流の中で、ランニング動作をしながら仰臥位から伏臥位へ、伏臥位から仰臥位へ姿勢を変える。

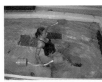   

- 前方、後方からの流水を用いて、ビート板上に立位状態になってスクワット、180度や360度の回旋しながらバランスエクササイズ、上肢を使いながら前方へ推進動作を行う。

- 前方、後方、側方の流水を用いて、開眼あるいは閉眼で片足立ちバランスを行う。

- 前方、後方の流水を用いて、体幹の安定化のためにビート板を水中の下方に押す動作をしながら立位姿勢を保持する。また、層流の中で、1～3kgのメディスンボールを加えたエクササイズをしてもよい。

- 手すりを持って、層流の中で足関節周辺筋群の強化を意識しながらパイク（体幹の折り畳み）動作を行う。

- 層流の中で、チューブを用いて両足あるいは片足で動揺トレーニングを行う。

- 側方からの流水を用いて、サイドシャッフルを行う。

- 前方からの流水を用いて、水中でメディスンボールをパスしながらランジを行う。

- 層流に対して、両足で壁を蹴り、発射動作を行う。

- 股関節、膝関節、足関節周囲の筋力が十分な場合、軽度のプライオメトリックスやアジリティを開始する（バウンディング、スプリットジャンプ、ボックスジャンプ、バックペダル、キャリオカ）。

- 流水を用いて、ランニングパッド上や深水での心肺機能エクササイズを行う。

- 流水に対して、バタ足を行う。

※もし可能であれば、層流の中で、フィン、フロート、ハイドロトーンなどを用いることで難易度を上げることができる。

陸上での構成要素：
- 浮腫を減少させるための治療をする。
- 歩行トレーニングを実施する。
- 負荷をつけたエアロバイクをウォーミングアップとして行う。
- 徒手による下肢筋群のストレッチを行い、特に、下腿三頭筋、足関節内反筋、外反筋や背屈筋に重点を置く。また、その他の下肢の大筋群に関しては、自宅でのエクササイズプログラムとして自身でストレッチングを行う。
- 距腿関節後方、踵骨外反、前足部の内反・外反、背屈等の関節モビリゼーションをグレード2から3で行う。また、距腿関節前方、距骨下関節の牽引、踵骨内反の関節モビリゼーションをグレード1から2で行う。
- 足関節の外反筋群に重点を置いた筋力強化プログラムを行う。また、股関節周辺筋群、ハムストリングスや大腿四頭筋など等張性による筋力強化トレーニングも行う。
- CKCエクササイズとして、レッグプレス、スクワット、ステップアップ、フォワードあるいはラテラルランジ等を行う。
- バランス・固有感覚受容器エクササイズとして、ロッカーボード、動揺トレーニング、Bosu上でのスクワット、バランスマットやBosu上で片足立ちによるメディスンボールエクササイズ、バランスディスク上でのスクワット、ランジ、サイドシャッフル等を行う。

## （3）3週目〜退院

目標：
1. 多方向への筋力やアジリティ能力を回復させる

2. 下肢への衝撃吸収能力を回復させる
3. 必要に応じて、スポーツ競技に関連する機能テストを行う
4. 退院基準を満たす

ブレースの装着：
- アクティブアンクルブレース、もしくはレースアップタイプのブレースを装着する。

水中での構成要素：
- 前方、後方の流水を用いて、メディスンボールを使った体幹回旋動作をしながら前方や後方にランジしながら歩行する。

- ビート板上に足を載せて、股関節屈曲・伸展を行う。このビート板によるエクササイズを漸進させるために、前方や側方の流水の中で、スノーブーツを履いたような動きで前方あるいは側方移動を行う。

- 水深や層流の速度を変えることで漸進させながら、両脚あるいは片脚スクワットを継続する。

- 側方からの流水を用いて、膝のアライメントに注意を払いながら、前方あるいは側方にステップアップを行う。段階的にステップアップの高さを高くし、後方からのステップアップを加えてもよい。

- バランスに挑戦するために、層流の中で下肢のアライメントに注意を払いながら、ステップダウンの深さを増加する。
- 層流の中で、メディスンボールを持った状態でのボックス上で片足スクワットを行う。

- 前方、後方、側方の流水を用いて、片脚立ちバランスをしながら、メディスンボールを持って対角線上でウッドチョップ動作、メディスンボールを前方や側方へ投げる動作、ビート板を押す・引く動作を行う。

- ビート板上で両足あるいは片足でバランスを取りながら立ち、層流の中で、上肢を使いながら180度や360度の回転動作を行う。

- 層流の流水速度やステップの高さを上げて、ワークステーション上でのプライオメトリクスやアジリティワークを継続する（Wカット、Zカット、フットファイアなど）。

- 流水を用いて、ランニングパッド上や深水での心肺機能エクササイズを継続する。加えて、前方、後方からの流水に対して、ビート板を用いて前方や後方に雪かき動作も行う。

- 必要に応じて、スポーツの特異的なエクササイズも行う。

※もし可能であれば、層流の中で、フィン、フロート、ハイドロトーンなどを用いることで難易度を上げることができる。

**陸上での構成要素：**
- 1〜3週目の治療を継続する。
- 75％程度の筋力が回復している場合、ランニングプログラムを開始する。
- 最大下負荷での活動を開始する。
- 75％程度の筋力が回復している場合、プライオメトリックス、アジリティ、スポーツの特異的エクササイズを行う。
- 地元のフィットネスクラブにおいて、筋力、筋持久力、バランスを含めたストレングス＆コンディショニングプログラムを週3回行う。

**スポーツへの競技復帰・職場復帰のガイドライン：**
- 痛みや腫れがない。
- 関節可動域が完全に回復している。
- 等速性テストおよび機能的テストにおいて、健側と比較して90％以上であり、最終的に医師の許可を得る。また、競技特異性によるドリルで十分なパフォーマンスが発揮することが必要である。
- 競技レベルの高いスポーツや強度の高い活動においては、ブレースを使用する。

# 6 ◆ 下肢の柔軟性改善のプロトコル

## 筋肉をストレッチする動き：

股関節屈曲筋群・大腿四頭筋：

- 前方、後方の流水を用いて、前方や後方への歩行をする。さらに、歩行時に踵を臀部へ引き付ける動作や背部で両手を叩きながら歩行する。

- 前方からの流水を用いて、後方へ歩行を行う。

- 前方からの流水に対して、長いストライドの歩行を行う。

- 層流の中で、メディスンボールを足の下で移動させながら、前方、後方へ歩行を行う。

- 水中でバーベルを用いて、ステップオーバーの動作を行う。

- 前方からの流水を用いて、股関節伸展の動作を行う。

- 前方、後方からの流水を用いて、前方や後方にランジしながら歩行する。

- ステップによるランジ動作を行う。

- 前方からの流水に対し、下肢を時計回りに動かす。

- 層流の中で、ランニング動作をしながら仰臥位から伏臥位へ、伏臥位から仰臥位へ姿勢を変える。

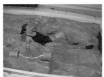

- 前方からの流水に対し、バレエで用いられるストレッチ(ロンド・ジャンプやピルエット)を行う。

- 前方からの流水に対して、手すりを持ってフラダンスの動作を行う。

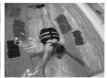

- 手すりあるいは浮遊具を持って、伏臥位の姿勢を取り、片膝あるいは両膝を胸に引き付ける動作を行う。

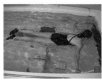

**股関節伸展筋群・ハムストリングス：**

- 後方からの流水を用いて、脚を伸展した状態で歩行を行う。

- 後方からの流水を用いて、歩行およびマーチング動作をする。さらには、マーチング動作時に挙上側大腿部の下で手を叩きながら歩行する。

- 後方からの流水を用いて、4つ数えながら歩行キックを前方に行う。

- 前方、後方の流水を用いて、膝を反対側の胸へ近づけながら歩行を行う。

- 層流の中で、メディスンボールを足の下で移動させながら、前方、後方へ歩行を行う。

- 下肢の外転・内転、屈曲・伸展、内旋・外旋のストレッチを行う。

- ロシアンキックの動作を行う。

- 水中でバーベルを用いて、ステップオーバーの動作を行う。

- 手すりを持って、伏臥位の姿勢を取り、脚をまっすぐに伸ばしてレッグレイズを行う。

- ステップを用いて、ハムストリングスのストレッチを行う。

- 手すりを持って、スパイダーマン姿勢で体を後方に預け腰背部のストレッチを行う。

- ビート板上に足を置いて、膝関節の屈曲・伸展を行う。

- 後方からの流水を用いて、ターミナル・ニーエクステンションを行う。

- 前方、後方からの流水を用いて、股関節を時計回りに回転させる。

**股関節外転筋群・腸脛靭帯：**
- 前方、後方、側方の流水を用いて、クロスステップをしながら前方、後方、側方に歩行する。

- 前方、後方、側方の流水を用いて、股関節を時計回りに回転させる。

- 手すりを持って、振り子のように体を上下左右に振る。

- 層流の中で、ベンチ上に座り、両脚をハサミのように動かす。

股関節内転筋群：
- 側方からの流水を用いて、ストライドを大きく取りながら横歩きを行う。

- 側方からの流水を用いて、ラテラルランジを行う。

- 前方からの流水を用いて、股関節の角度を45度に脚をまっすぐにしてレッグレイズしながら歩行を行う。

- 前方からの流水を用いて、股関節を内旋・外旋しながら前方や後方へ歩行を行う。

- 側方からの流水の中で、下肢の内転筋群のストレッチを行う。

- 側方からの流水の中で、股関節を時計回りに動かす。
- 前方からの流水を用いて、股関節の角度を45度にした状態で膝の屈曲・伸展を行う。

- 層流の中で、手すりを持って両脚を開脚させる動作を行う。

股関節回旋筋群：
- 前方、後方、側方の流水を用いて、クロスステップをしながら前方、後方、側方に歩行する。

- 前方、後方からの流水を用いて、踵を反対側の臀部に引き付ける動作をしながら、前方、後方へ歩行を行う。

- 前方、後方の流水を用いて、膝を反対側の胸へ近づけながら前方、後方へ歩行を行う。

- 前方、後方の流水を用いて、梨状筋歩行（梨状筋を伸ばすため4の字に脚を組みながら歩行）を前方、後方に行う。

- 前方、後方、側方からの流水を用いて、弧を描くように股関節を180度動かす。

- 前方、後方、側方からの流水の中で、下肢の回旋筋群のストレッチを行う。

- 前方、後方、側方の流水を用いて、股関節の角度を45度にした状態で膝の屈曲・伸展を行う。

- 大腿部前で交差した側のつま先を持ち、その脚をジャンプしてすり抜ける動作（レッグジャンプスルー）を行う。

足関節：

- ビート板上に足を置き、BAPSボードエクササイズを行う。

- ビート板上に足を置き、マーチング動作を行う。

- 層流の中で、足関節でアルファベットや円を描く動作を行う。
- 手すりを持って、スパイダーマン姿勢を取り、両足を壁につけ、足関節の関節可動域を促進するためにスパイダーマンの動きを行う。

- ワークステーション上で下腿部のストレッチを行う。

- ビート板上に立位状態になってバランスを取りながらスクワットを行う。

- バーベルの上でバランスをとる動作を行う。

※もし可能であれば、層流の中で、フィン、フロート、ハイドロトーンなどを用いることで難易度を上げることができる。

# 7 ◆ 下肢の筋力強化のプロトコル

股関節周辺筋群・大腿四頭筋：
- 層流の中で、股関節の屈曲・伸展・外転・内転を行う。

- 前方、後方の流水を用いて、股関節を時計回りや反時計回りに回旋させる。

- 前方の流水に対して、クロスカントリースキーの要領で歩行する。

- 側方の流水に対して、ジャンプする。

- 後方の流水に対して、股関節を回旋させながら後方に歩行する。

- 前方からの流水に対して、膝を外側に大きく挙げ、股関節を外転させながら歩行を行う。

- 前方からの流水の中で、手すりを持ち伏臥位からパイク動作を行う。

- 前方、後方からの流水を用いて、機能的スクワットを行う。

- 前方、後方、側方の流水を用いて、前方、後方、側方にランジしながら歩行する。

- ビート板上に足を置いて、股関節および膝関節の屈曲・伸展を行う。

- 前方、後方、側方の流水を用いて、ビート板上に足を載せて、スノーブーツを履いたような動きで前方、後方、側方へ歩行を行う。

- 側方からの流水を用いて、ワークステーション上で前方や側方にステップアップおよびステップダウンを行う。

- 前方、後方、側方の流水を用いて、カニ歩きを前方、後方、側方に行うことで股関節周辺筋群の強化を行う。

- 流水に対して、手すりを持ってバタ足を行う。

- 前方、後方の流水を用いて、サイドの手すりを持ってパイク動作を行う。

- 前方、後方の流水を用いて、ランニング動作をしながら仰臥位から伏臥位へ、伏臥位から仰臥位へ姿勢を変える。

 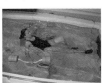  

- 層流の中で、ビート板上に立位状態になってスクワットを行う。

- 後方からの流水を用いて、ターミナル・ニーエクステンションを行う。

**臀筋群・ハムストリングス：**
- 層流の中で、股関節の伸展を行う。

- 手すりを持って、仰臥位でバタ足を行う。

- 後方からの流水を用いて、機能的スクワットを行う。

- 前方、後方、側方の流水を用いて、前方、後方、側方にランジしながら歩行する。

- 後方の流水に対して、股関節を回旋させながら後方に歩行する。

- 後方からの流水を用いて、バレエで用いられるストレッチ（ピルエット）を行う。

- 後方からの流水を用いて、ハムストリングカールを行う。

- 後方からの流水を用いて、カニ歩きを後方に行う。
- 後方からの流水を用いて、サイドの手すりを持ってパイク動作を行う。

- ビート板上に足を置いて、股関節および膝関節の屈曲・伸展を行う。

- 前方、後方、側方の流水を用いて、ビート板上に足を載せて、スノーブーツを履いたような動きで前方、後方、側方へ歩行を行う。

- ワークステーション上で後方にステップアップを行う。

足関節：
- 後方からの流水を用いて、カーフレイズを行う。

- 前方からの流水を用いて、トウレイズを行う。

- 座位あるいは立位において、層流の中で等張性による背屈、底屈、内反、外反の強化を行う。

- 層流の中で、ビート板上に足を置き、足関節の背屈・底屈、内反・外反を行う。

- 前方、後方、側方の流水を用いて、ビート板上に足を載せて、スノーブーツを履いたような動きで前方、後方、側方へ歩行を行う。

- 層流の中で、ビート板上に立位状態になってスクワットを行う。

- 層流の中で、手すりを持ってパイク動作を行う。

- 側方からの流水を用いて、ベンチ上に座り、脚をハサミのように交差させながら足関節を内反・外反させる。

- 前方からの流水を用いて、手すりを持ってクロスカントリースキーの要領で脚を動かしながら、足関節の背屈・底屈をする。

※もし可能であれば、層流の中で、フィン、フロート、ハイドロトーンなどを用いることで難易度を上げることができる。

# 第5章 体幹プロトコル

## 1 ◆ 胸椎・腰椎の捻挫および筋挫傷のための臨床プロトコル

頻度：週1〜3回
期間：2〜6週間（理学所見に基づく）

### （1）初期評価（初診）

目標：
1. 包括的な評価を行う
2. 自宅でのエクササイズプログラムを開始する
3. 情報冊子の配布と共にプールプログラムへ移行する

退院基準：
- 十分な身体機能があり、良い姿勢である。
- 胸椎・腰椎の可動域制限がない。
- 多裂筋のテストにおいて、立位での回旋抵抗に対して耐えることができる。
- 段階的に職場復帰できる。
- 自宅でのエクササイズプログラムを自分で実施できる。
- 必要に応じて、理学療法以外の治療を照会する。
- 治癒の進展が認められない。
- 医療機関のルールに従わない。

# (2) 1週目

目標：
1. 胸椎・腰椎のニュートラルポジションを理解する
2. 負担がかかる姿勢を避ける
3. 自宅で疼痛に対処できる
4. 自宅でエクササイズプログラムとウォーキングプログラムを自分で実施できる

水中での構成要素：
- ウォームアップでは、前方、後方、側方の流水を用いて、ハーフスクワットの姿勢で前方、後方、側方に歩行する。

- 前方、後方の流水を用いて、前方や後方への歩行およびマーチング動作をする。さらには、マーチング動作時に挙上側大腿部の下で両手を叩きながら歩行する。

- 前方、後方の流水を用いて、前方や後方への通常歩行をし、さらに、脚を伸展した状態で前方や後方への歩行を行う。

- 前方、後方の流水を用いて、梨状筋歩行（梨状筋を伸ばすため4の字に脚を組みながら歩行）を前方および後方に行う。

- 前方、後方の流水を用いて、4つ数えながら歩行キックを前方および後方に行う。

- 機能的スクワットの姿勢を改善するために、層流の中でウォールスライドあるいは機能的スクワットをプール中央のエリアやベンチで行う。

- 流水を用いて体幹の安定化を図りながら、ワークステーションやステップ上での股関節屈曲筋群とハムストリングスのストレッチを行う。

- 前後からの流水を用いて、ビート板を水中の下方に押す動作を伴いながら立位姿勢を保持する。そして、その動作を伴いながら前後に歩行する。

- 前後からの流水を用いて、ビート板を水中で押し引きしながら立位姿勢を保持する。そして、その動作を伴いながら前後に歩行する。

- 前後からの流水を用いて、闘牛士のようにビート板を構え、立位姿勢を保持しながら前後に歩行する。

- 層流に対して、脚を伸展した状態で股関節を4方向（屈曲、伸展、外転、内転）へ動かすことで体幹の安定化を図る。

- 層流に対して、上半身エクササイズを行うことで体幹の安定化を図る。

- バーベルやヌードルを用いて、垂直方向の体幹の安定化を図る。

- 手すりを持って、振り子のように体を上下左右に振る。

- 手すりを持って、スパイダーマン姿勢で体を後方に預け腰背部のストレッチを行う。

- 心肺機能プログラムとして、適切なアライメントで体幹を安定させて、層流を用いた深水でのランニングやアクアバイクを行う。

陸上での構成要素：
- 疼痛と炎症を軽減させるために物理療法を行う。
- 筋緊張を軽減させるために、筋筋膜療法による徒手療法や休息をする。
- 深部の股関節外旋筋群、股関節屈筋群、ハムストリングスの柔軟性を向上させるためにストレッチをする。
- 腹横筋、腹直筋、多裂筋を意識して、腰椎の安定化をさせながら体幹の屈曲動作を開始する。
- 持久力エクササイズとして、トレッドミルでのウォーキングを開始する。
- 伏臥位での就寝は避け、立位と仰臥位での腰椎のニュートラルなポジションを教育する。
- 持ち上げ動作を行う際には、脊柱をニュートラルポジションにし適切な動作をすることで日常生活動作を軽減する。
- 自宅で柔軟性エクササイズおよび筋力強化エクササイズを行う。

## （3）2～4週目

目標：
1. いかなる姿勢においても脊柱のニュートラルポジションを保持する
2. 体幹筋力が十分に改善するまで、日常生活動作や持ち上げ動作の制限を自己管理する
3. レクリエーション活動や職場復帰の計画を立てる
4. 筋筋膜トリガーポイントを自分で対処できる手法を学び、自宅でのエクササイズやウォーキングプログラムを自分で実施できる
5. 前屈をする際に、スムーズな腰椎の後弯動作が見られる

水中での構成要素：

- 前方、後方、側方の流水を用いて、ハーフスクワットの姿勢で前方、後方、側方に歩行することでウォームアップを継続する。
- 1週目で行った動的ストレッチエクササイズを継続する（マーチング動作をしながら挙上側大腿部の下で手を叩く、膝伸展した状態で歩行、4つ数えながら歩行キック、股関節屈曲筋群のストレッチ）。
- 体幹の安定化エクササイズを継続する（流水の中で、ビート板を下方に押し下げる動作、ビート板を押し引きする動作、そして闘牛士動作を行う）。
- 前後、左右からの流水を用いて、ビート板で前方、後方、側方に雪かき動作を行う。

- メディスンボールを用いて以下のエクササイズを行う。1)ボールを持って機能的スクワット、2)ワークステーションで前後、左右にステップアップ、3)体幹を回旋しながら前方、後方のウォーキングランジ、4)前方からの流水に対して、対角線上でのチョップ動作をしながらウォーキングランジ、5)側方からの流水に対して、立位でのチョップ動作を行う。

- 脊柱のアライメントと姿勢の安定化を意識しながら、壁に対するプッシュアップからメディスンボール（1個あるいは2個）に手を置いたプッシュアップへと進展させる。

- 前方、後方からの流水を用いて、ワークステーション上でプランクをする。
- 流水に対して、前面および側面でのパイク動作を行う。

- 前方からの流水の中で、バーベルやダンベルを用いて垂直位から仰臥位、仰臥位から垂直位の姿勢を繰り返す。

- バーベルやダンベルを用いて垂直位から横臥位、横臥位から垂直位を左右それぞれ繰り返す。

- アクアジョガーなどの浮遊具を装着し、バーベル上に膝を載せた仰臥位からシットアップを行う。慣れてきたら前方からの流水を用いて、同様の姿勢からシットアップを行う。

- 多方向への複合エクササイズを以下の通り行う。1)スクワットをしながら肩関節屈曲・伸展・外転・内転、2)ランジをしながら肩関節水平内転・外転、3)シャドーボクシング（ジャブ、アッパーカット、コンビネーションパンチ等）を行う。

- 痛みの許容範囲に応じて、流水を利用して、伏臥位で手すりを持って懸垂を行う。

- 層流の中で、ワークステーションを用いて、職業に関連する動きや道具を操作する動作を取り入れたエクササイズを行う。
- 浅い水深で水中ランニングを導入し、段階的に流水抵抗を増やしながら心肺機能エクササイズを継続する。

※もし可能であれば、層流の中で、フィン、フロート、ハイドロトーンなどを用いることで難易度を上げることができる。

陸上での構成要素（6～10週目）：
- 機能制限のある場合は、腰椎部および胸椎部にモービリゼーションなどの徒手療法を継続する。
- 腰椎の安定化のために、仰臥位での安定した表面から不安定な表面でのエクササイズを行い、さらには仰臥位から立位でのエクササイズに発展させる。
- 自宅でのエクササイズプログラムや筋緊張を緩和する治療を自分で実施する。
- 10～30分程度のウォーキングやエアロバイクによる持久力エクササイズを自分で実施する。
- 患者への教育として、静的および動的な腰椎のニュートラルポジションを理解させ、軽度の持ち上げ動作や日常生活動作を十分に注意するように指導する。

## （4）5週目～退院

目標：
1. レクリエーション活動や職業復帰について検討する
2. 良好な姿勢で機能的な動作ができる
3. 症状が悪化することなく、日常生活動作や仕事での作業動作ができる
4. 自宅でのエクササイズプログラムを自分で実施できる
5. 胸椎・腰椎の可動域を十分に回復させる
6. 多裂筋のテストにおいて、立位での回旋抵抗に対して耐えることができる
7. 段階的に職場復帰する

水中での構成要素：
- 2〜4週目の治療を継続しながら、以下のエクササイズを追加する。
- 前方、後方からの流水を用いて、ビート板で前方および後方に雪かき動作を行う。
- 前方からの流水に対して、1〜3kgのメディスンボールを用いて体幹の安定化エクササイズ（ボールトス、チェストパス、片手もしくは両手でのボールプッシュ等）を行い、腰椎の安定化および固有感覚受容器の機能向上を図る。

- ワークステーション上でメディスンボールに両手を置いて、プッシュアップ姿勢を取り、片手を離して回旋運動を行う。必要に応じて、流水を用いて行ってもよい。

- 手すりに足をかけて伏臥位になり、流水の中でメディスンボールエクササイズを行う。例えば、メディスンボールを用いてプッシュダウン、プッシュアップ、フライ、複合運動、回旋運動等を行う。

- 流水の中で、手すりを持ってフラダンスの動作を行う。

- ダンベルやバーベルを持って、仰臥位でのランニング動作から伏臥位でのランニング動作を交互に行う。

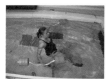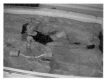

- ダンベルやバーベルを持って、ヘリコプターのように旋回動作を行う。痛みの許容範囲に応じて層流を用いて行う。

 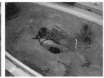 

- 良好な脊柱のアライメントと体幹の安定化が獲得できたら、流水の中でワークステーションを用いて回旋動作を加えたプライオメトリックエクササイズを行う。

- 層流の中で、胸椎・腰椎の回旋運動を取り入れたボディブレードによるエクササイズを行う。
- 伏臥位あるいは仰臥位で手すりを両手で持って懸垂を行い、痛みの許容範囲に応じて層流の中で片手による懸垂へと発展させる。

- 層流の中で、様々な用具やワークステーションを用いて、心肺機能向上のためにサーキットやインターバルトレーニングを行う。
- 適切な脊椎姿勢を維持しながら水泳を行う。

※もし可能であれば、層流の中で、フィン、フロート、ハイドロトーンなどを用いることで難易度を上げることができる。

**陸上での構成要素：**
- 必要に応じて、機能改善のために関節モービリゼーションなどの徒手療法を行う。
- PNF上肢・体幹パターンや可能な範囲で多面的なエクササイズへと移行する。また、多裂筋および腹横筋の筋力強化を継続する。
- 週3回の30分程度の心肺機能エクササイズを行う。
- レクリエーション活動や職業に必要な持ち上げ動作や持久的要素の動作を取り入れ、適切な

身体の動作機能を再確認する。
- 患者への教育として、脊柱に負荷がかかった状態での捻りや回旋動作を避けるように指導する。エクササイズ、趣味、そして日常生活において、脊柱を痛めないために体幹の強化を継続することの重要性を再認識する。

# 2 ◆ 急性腰椎椎間板ヘルニアのための臨床プロトコル

頻度：週1～3回
期間：6～12週間（理学所見に基づく）

## （1）初期評価（初診）

目標：
1. 包括的な評価を行う
2. 自宅でのエクササイズプログラムを開始する
3. 情報冊子の配布と共にプールプログラムへ移行する

退院基準：
- 十分な身体機能があり、良い姿勢である。
- 胸椎・腰椎の可動域制限がない。
- 疼痛を自己管理できる。
- 段階的に職場復帰できる。
- 自宅でのエクササイズプログラム、ウォーキングプログラム、柔軟性プログラムを自分で実施できる。
- 必要に応じて、理学療法以外の治療を照会する。
- 治癒の進展が認められない。
- 医療機関のルールに従わない。

## （2）1週目

目標：
1. 静的姿勢および動的姿勢を適切に保持する
2. 必要に応じてコルセットやブレースの脱着が適切にできる
3. 自宅で疼痛に対処できる
4. 自宅でのエクササイズプログラムを自分で実施できる

水中での構成要素：
- ウォームアップでは、前方、後方、側方の流水を用いて、ハーフスクワットの姿勢で前方、後方、側方に歩行する。

- 前方、後方の流水を用いて、前方や後方への歩行をする。さらに、歩行時に背部で両手を叩きながら歩行する。

- 前方、後方の流水を用いて、脚を伸展した状態で前方や後方への歩行を行う（神経症状の悪化が見られない場合）。

- 前方、後方の流水を用いて、4つ数えながら歩行キックを前方および後方に行う。

- 前方、後方からの流水に対して、パドル、アクアグローブ、ビート板等の補助用具を用いて抵抗を感じながら前方および後方に歩行する。

- 機能的スクワットの姿勢を改善するために、層流の中でウォールスライドあるいは機能的スクワットをプール中央のエリアやベンチで行う（神経症状の悪化が見られない場合）。

- 流水を用いて体幹の安定化を図りながら、ワークステーションやステップ上での股関節屈曲筋群とハムストリングスのストレッチを行う。

- 前後からの流水を用いて、ビート板を水中の下方に押す動作を伴いながら立位姿勢を保持する。

- 前後からの流水を用いて、ビート板を水中で押し引きしながら立位姿勢を保持する。

- 前後からの流水を用いて、闘牛士のようにビート板を構え、立位姿勢を保持しながら前後に歩行する。

- 層流に対して、脚を伸展した状態で股関節を4方向（屈曲、伸展、外転、内転）へ動かすことで体幹の安定化を図る。

- 層流に対して、上半身エクササイズを行うことで体幹の安定化を図る。

- バーベルやヌードルを用いて、垂直方向の体幹の安定化を図る。

- 側方偏移ストレスへの耐性を高めるために、手すりを持って、振り子のように体を上下左右に振る。

- 心肺機能プログラムとして、適切なアライメントで体幹を安定させて、層流を用いた深水でのランニングやアクアバイクを行う。

陸上での構成要素:
- 疼痛と炎症を軽減させるために物理療法を行う。
- 腰椎部および胸椎部にグレード1または2のモービリゼーションの徒手療法を行う。
- 痛みの許容範囲に応じて、徒手による牽引を行う。
- 神経症状が悪化しないように徒手による下肢筋群の受動的ストレッチを行う。
- 神経症状の鎮静後、仰臥位において腰椎の安定化エクササイズを開始する。
- UBE等を利用し、低負荷で心肺機能エクササイズを行う。
- 神経症状を軽減するために必要に応じて腰部コルセットを使用する。
- 作業中の動きや就寝中の姿勢等、腰椎の負担を避ける姿勢を教育する。
- 持ち上げ動作や日常生活動作を制限し、体幹の屈曲と回旋動作を避ける。特に、体幹の屈曲と回旋の複合動作は避ける。
- 自宅で心肺機能持久力とウォーキングプログラムを行う。

## (3) 亜急性期:2週~3ヶ月

目標:
1. 正常な腰椎の前弯を回復する(段階的に腰椎の前湾および前屈動作を改善する)
2. 自宅で静的および動的な安定化エクササイズを自分で実施できる
3. 一般的なコンディショニングプログラムを自分で実施できる

4. 自宅でのエクササイズやウォーキングプログラムを自分で実施できる
5. 疼痛が最小限あるいは全くない

水中での構成要素：
- 前方、後方、側方の流水を用いて、ハーフスクワットの姿勢で前方、後方、側方に歩行することでウォームアップを継続する。
- 前方、後方からの流水を用いて、ビート板等で抵抗を感じながら前方および後方に歩行する。
- 多方向への動的ストレッチエクササイズを継続する（マーチング動作をしながら挙上側大腿部の下で手を叩く、膝伸展した状態で歩行、4つ数えながら歩行キック、股関節屈曲筋群のストレッチ）。
- 体幹の安定化エクササイズを継続する（流水の中で、ビート板を下方に押し下げる動作、ビート板を押し引きする動作、そして闘牛士動作を行う）。
- 前後、左右からの流水を用いて、ビート板で前方、後方、側方に雪かき動作を行う。

- メディスンボールを用いて以下のエクササイズを行う。1)ボールを持って機能的スクワット、2)ワークステーションで前後、左右にステップアップ、3)体幹を回旋しながら前方、後方のウォーキングランジ、4)前方からの流水に対して、対角線上でのチョップ動作をしながらウォーキングランジ、5)側方からの流水に対して、立位でのチョップ動作を行う。

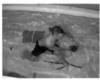

- 脊柱のアライメントと姿勢の安定化を意識しながら、壁に対するプッシュアップからメディスンボール（1個あるいは2個）に手を置いたプッシュアップへと進展させる。

- 前方、後方からの流水を用いて、ワークステーション上でプランクをする。
- 前方からの流水の中で、バーベルやダンベルを用いて垂直位から仰臥位、仰臥位から垂直位の姿勢を繰り返す。

- バーベルやダンベルを用いて垂直位から横臥位、横臥位から垂直位を左右それぞれ繰り返す。

- 前方からの流水の中で、手すりを持ち垂直位から伏臥位、伏臥位から垂直位の姿勢を繰り返す。

- 痛みの許容範囲に応じて、流水を利用して、伏臥位で手すりを持って懸垂を行う。

- 手すりに足をかけて伏臥位になり、流水の中でメディスンボールエクササイズを行う。例えば、メディスンボールを用いてプッシュダウン、プッシュアップ、フライ、複合運動、回旋運動等を行う。

- 層流の中で、ワークステーションを用いて、職業に関連する動きや道具を操作する動作を取り入れたエクササイズを行う。
- 前方からの流水に対して、1～3kgのメディスンボールを用いて体幹の安定化エクササイズ（ボールトス、チェストパス、片手もしくは両手でのボールプッシュ等）を行い、腰椎の安定化および固有感覚受容器の機能向上を図る。

- ダンベルやバーベルを持って、仰臥位でのランニング動作から腹臥位でのランニング動作を交互に行う。

- ダンベルやバーベルを持って、ヘリコプターのように旋回動作を行う。痛みの許容範囲に応じて層流を用いて行う。

- 良好な脊柱のアライメントと体幹の安定化が獲得できたら、流水の中でワークステーションを用いて回旋動作を加えたプライオメトリックエクササイズを行う。

- 層流の中で、様々な用具やワークステーションを用いて、心肺機能向上のためにサーキットやインターバルトレーニングを行う。

※もし可能であれば、層流の中で、フィン、フロート、ハイドロトーンなどを用いることで難易度を上げることができる。

陸上での構成要素（第6〜10週）：
- 必要に応じて、関節モービリゼーションと軟部組織への徒手療法を継続する。
- 立位での腰椎の安定化を図るために、腰椎のニュートラルポジションを維持しながら、脊柱への負担を取り除く動きから始め、徐々に動的要素を取り入れながら強化をする。仰臥位による腹直筋の強化から始め、多裂筋の強化へと移行する。
- 30分までのウォーキングによる持久力エクササイズを自分で実施する。
- 患者への教育として、静的および動的な腰椎のニュートラルポジションを理解させ、軽度の持ち上げ動作や日常生活動作を十分に注意するように指導する。

## （4）慢性期：3ヶ月以降

目標：
1. 良好な姿勢で機能的な動作ができる
2. 症状が悪化することなく、日常生活動作や仕事での作業動作ができる
3. 自宅でのエクササイズプログラムを自分で実施できる
4. 胸椎・腰椎の可動域を十分に回復させる
5. 段階的に職場復帰する
6. この段階でアクアセラピーを終了する（ただし、患者は自主的にアクアエクササイズを継続してもよい）

陸上での構成要素：
- 腰椎部および胸椎部の椎間関節の機能制限に対して、グレード1から3のモービリゼーションなどの徒手療法を行う。筋筋膜の痛みに対して、徒手療法や物理療法で対処する。
- 体幹の安定化を強化するために、複合的な動作を取り入れ、不安定な表面でのエクササイズを加える。レクリエーション活動や職業で想定される動きを取り入れて強化する。
- 下肢の制限に対する治療を継続する。腰椎の負担軽減のために、ハムストリングスと股関節屈筋群の柔軟性を確保する。
- 患者への教育として、脊柱に負荷がかかった状態での捻りや回旋動作を避けるように指導する。エクササイズ、趣味、そして日常生活において、脊柱を痛めないために体幹の強化を継続することの重要性を再認識する。
- 理学療法以外の適切な治療への照会について話し合う。

# 3 ◆ 頸椎の捻挫および筋挫傷のための臨床プロトコル

頻度：週1〜3回
期間：6〜12週間（理学所見に基づく）

## （1）初期評価（初診）

目標：
1. 包括的な評価を行う
2. 自宅でのエクササイズプログラムを開始する
3. 情報冊子の配布と共にプールプログラムへ移行する

退院基準：
- 十分な身体機能があり、良い姿勢である。
- 症状を悪化させることなく、日常生活や職場での活動ができる。
- 自宅でのエクササイズプログラムを自分で実施できる。
- 必要に応じて、理学療法以外の治療を照会する。
- 治癒の進展が認められない。
- 医療機関のルールに従わない。

## （2）1週目

目標：
1. 胸椎・腰椎のニュートラルポジションを理解する
2. 負担がかかる姿勢を避ける
3. 自宅で疼痛に対処できる
4. 自宅でエクササイズプログラムとウォーキングプログラムを自分で実施できる

水中での構成要素：
- ウォームアップでは、前方、後方、側方の流水を用いて、ハーフスクワットの姿勢で前方、後方、側方に歩行する。側方歩行時に頸椎をわずかに側屈あるいは回旋させた状態で行ってもよい。

- 前方からの流水に対して、両手にパドルやアクアグローブ等の補助用具を用いて抵抗を感じながら前方に歩行することで、胸筋をストレッチする。

- 後方からの流水に対して、両手にパドルやアクアグローブ等の補助具を用いて抵抗を感じながら後方に歩行することで、上背部の筋力と姿勢保持を向上させる。

- 前方からの流水に対して、背部で両手を叩きながら前方へ歩行することで、胸部をストレッチする。

- 後方からの流水に対して、背部で両手を叩きながら後方へ歩行することで、上背部の筋力と姿勢保持を向上させる。
- 前方、後方からの流水の中で前方や後方へ歩行しながら、小さなメディスンボールを体幹の周りで回す。その際に、脊柱をニュートラルポジションに保持しながら行う。

- 前方、後方の流水を用いて、平泳ぎの上肢動作をしながら前方や後方に歩行する。

- 深水もしくは肩まで浸かる状態で、首用の浮遊具を用いて頸椎を牽引する。もし必要であれば、アンクルウェイトを用いてもよい。

- 両肩が水面下に浸るようにベンチに座り、胸骨を持ち上げながら顎を引き付ける動作をすると共に、頸椎の可動域エクササイズを行う。

- 頸椎の筋群（僧帽筋上部、後頭下筋、菱形筋、肩甲挙筋、胸筋）をストレッチする。その際に、層流の中でストレッチをすることで可動域の改善を促進する。

- 両手にパドルやビート板を用いて、層流に対して肩甲骨内転、肩関節伸展、肩関節水平外転を行うことで肩甲骨の安定化エクササイズを開始する。

- 層流の中で姿勢とアライメントに注意を払いながら、上肢エクササイズ（肩関節の屈曲・伸展、外転・内転、内旋・外旋）を行う。

- 後方からの流水に対して、ビート板を用いて肩甲骨の下制を行う。

- マスクとシュノーケルを用いて、水中で頸椎の可動域エクササイズを行う。痛みの許容範囲に応じて、層流の中で同様のエクササイズを行う。
- 深水の層流の中で、心肺機能エクササイズとして水中ランニングを行う。ただし、頸椎にストレスがかからないように脊柱のアライメントに注意を払う。

※等張性エクササイズにおいて痛みが強すぎる場合は、前方、後方、側方の流水を用いて、前方、後方、側方に歩行しながら徒手やパドルを用いての等尺性エクササイズを行ってもよい。

陸上での構成要素：
- 疼痛と炎症を軽減させるために物理療法を行う。
- 筋緊張を軽減させるために、筋筋膜療法による徒手療法や休息をする。
- マッスルエナジーや後頭下筋リリースなどの徒手療法による僧帽筋上部、肩甲挙筋、胸筋群のストレッチをする。
- 仰臥位で頸椎のニュートラルポジションでの等尺性エクササイズを開始し、関節可動域の中間位から最終位まで段階的に行う。
- 持久力エクササイズとして、UBE、エアダインバイクなどを開始する。
- 伏臥位での就寝は避け、座位および立位での頸椎のニュートラルポジションを教育する。
- 持ち上げ動作を行う際には、脊柱をニュートラルポジションにし適切な動作をすることで日常生活動作を軽減する。
- 自宅で柔軟性エクササイズおよび筋力強化エクササイズを行う。

## （3）2〜4週目

目標：
1. いかなる姿勢においても脊柱のニュートラルポジションを保持する
2. 体幹筋力が十分に改善するまで、日常生活動作や持ち上げ動作の制限を自己管理する。
3. レクリエーション活動や職場復帰の計画を立てる
4. 筋筋膜トリガーポイントを自分で対処できる手法を学び、自宅でのエクササイズやウォーキングプログラムを自分で実施できる
5. 頚椎の全ての動きに対して、自動的な関節可動域を確立する

水中での構成要素：
- ウォームアップでは、前方、後方、側方の流水を用いて、ハーフスクワットの姿勢で前方、後方、側方に歩行する。側方歩行時に頚椎を側屈あるいは回旋の動きを徐々に増大させる。
- 前方、後方からの流水を用いて、両手でビート板を背部に保持した状態で前方、後方に歩行する。
- 痛みの許容範囲に応じて、層流の中で頚椎の可動域エクササイズを継続する。
- 頚椎の安定化、固有感覚受容器や姿勢の向上を図るために、前方からの流水に対して、1〜3kgのメディシンボールを利用し、様々な上肢ポジションによる頚椎の安定化エクササイズを継続する。
- 深水もしくは肩まで浸かる状態で、首用の浮遊具を用いて頚椎牽引を継続する。
- 層流の中で、可動域の改善を促進するために、頚椎の筋群（僧帽筋上部、後頭下筋、菱形筋、肩甲挙筋、胸筋）のストレッチを継続する。
- マスクとシュノーケルを用いて、水中で頚椎の可動域エクササイズを継続する。加えて、肩関節の屈曲・伸展、水平外転・内転、D1・D2パターンを行う。
- 体幹の安定化のために、ビート板を水中の下方に押す動作や押し引きする動作、そして闘牛士のようにビート板を構えながら前方や後方に歩きながら行う。

- 壁に対するプッシュアップからベンチ上で伏臥位によるプッシュアップを漸進的に行う。ただし、脊柱のニュートラルポジションを維持するように注意を払う。

- バーベルやビート板上に座った姿勢もしくは立った姿勢で、両手をオールのように使って前方や後方に漕ぐ。

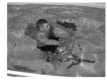 

- 層流の中で、バーベルやダンベルを用いて仰臥位で肩甲骨内転を行う。

- 手すりを持って、スパイダーマン姿勢で体を後方に預け腰背部のストレッチを行う。痛みの許容範囲に応じて、両手をクロスして菱形筋のストレッチも行う。

- 痛みの許容範囲に応じて、流水を利用して、伏臥位で手すりを持って懸垂を行う。

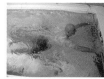 

- 層流の中で、ワークステーションを用いて、職業に関連する動きや道具を操作する動作を取り入れたエクササイズを行う。
- 段階的に流水抵抗を増やしながら心肺機能エクササイズを継続する。

陸上での構成要素（6〜10週目）：
- 頸椎部の回旋、側屈、そして、その複合動作の機能制限がある場合には、椎間関節に対してグレード1または2のモービリゼーションの徒手療法を行う。
- 仰臥位での頸椎の安定化エクササイズを開始し、立位での強化に進展させる。
- 自宅でのエクササイズプログラムや筋緊張を緩和する治療を自分で実施する。

## （4）5週目〜退院

目標：
1. レクリエーション活動や職業復帰について検討する
2. 良好な姿勢で機能的な動作ができる
3. 症状が悪化することなく、日常生活動作や仕事での作業動作ができる
4. 自宅でのエクササイズプログラムを自分で実施できる
5. 必要に応じて、理学療法以外の治療を照会する

**水中での構成要素：**
- 2〜4週目の治療を継続しながら、以下のエクササイズを追加する。
- 前方、後方からの流水を用いて、ビート板で前方および後方に雪かき動作を行う。
- 前方からの流水に対して、1〜3kgのメディスンボールを用いて肩関節の安定化エクササイズ（ボールトス、チェストパス、片手もしくは両手でのボールプッシュ等）を行い、頸椎の安定化および固有感覚受容器の機能向上を図る。

- 体幹の回旋運動を加えて以下の体幹強化エクササイズを行う。1)1〜3kgのメディスンボールを持って前方や後方への歩行、2)メディスンボールを用いてプッシュダウン、3)体幹を回旋しながら前方や後方のウォーキングランジ、4)前方からの流水に対して、対角線上でのチョップ動作をしながらウォーキングランジを行う。

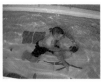

- 脊柱のニュートラルポジションを維持することを意識しながら、壁に対するプッシュアップからベンチ上でのプッシュアップ、そしてメディスンボールを用いてのプッシュアップへと進展させる。

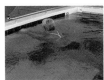

- 前方、後方からの流水を用いて、ビート板で前方や後方に雪かき動作をしながら歩行やランニングを行う。

- 層流に対して、パドルやハイドロトーンを用いてシャドウボクシング（ジャブ、アッパーカット、コンビネーションパンチ等）をしながら歩行する。

- 層流の中で、頸椎・胸椎の回旋運動を取り入れたボディブレードによるエクササイズを行う。
- 伏臥位あるいは仰臥位で手すりを両手で持って懸垂を行い、痛みの許容範囲に応じて層流の中で片手による懸垂へと発展させる。

- 持久力向上のために層流の中で、ワークステーションを用いて、職業に関連する動きや道具を操作する動作を取り入れたエクササイズを行う。
- 層流の中で、様々な用具やワークステーションを用いて、心肺機能向上のためにサーキットやインターバルトレーニングを行う。
- 適切な脊椎姿勢を維持しながら水泳を行う。

**陸上での構成要素：**
- 頸椎部に機能制限がある場合は、グレード 1 または 4 のモービリゼーションの徒手療法を行う。
- PNF 上肢・体幹パターンや可能な範囲で多面的なエクササイズへと移行する。
- 週 3 回の 30 分程度の心肺機能エクササイズを行う。
- レクリエーション活動や職業に必要な持ち上げ動作や持久的要素の動作を取り入れ、適切な身体の動作機能を再確認する。

# 4 ◆ 腰椎分離症とすべり症のための臨床プロトコル

頻度：週1〜3回
期間：2〜6週（理学所見に基づく）

## （1）初期評価（初診）

目標：
1. 包括的な評価
2. 自宅でのエクササイズプログラムを開始する
3. 情報冊子の配布と共にプールプログラムへ移行する

退院基準：
- 十分な身体機能があり、良い姿勢である。
- 正常な脊柱前弯を確保し、立位での疼痛がない。
- 前屈時にスムーズな腰椎の後弯動作が見られ、指先が下腿で届く。
- 脊柱のニュートラルポジションを保持しながらフルスクワットができる。
- 疼痛を自己管理できる。
- 多裂筋のテストにおいて、立位での回旋抵抗に対して耐えることができる。
- 段階的に職場復帰できる。
- 自宅でのエクササイズプログラムを自分で実施できる。
- 必要に応じて、理学療法以外の治療を照会する。
- 治癒の進展が認められない。
- 医療機関のルールに従わない。

## （2）1週目

目標：
1. 必要に応じてコルセットやブレースの脱着が適切にできる
2. 胸椎・腰椎のニュートラルポジションを理解する
3. 体幹の伸展動作を制限する
4. 自宅で疼痛に対処できる
5. 自宅でエクササイズプログラムとウォーキングプログラムを自分で実施できる

水中での構成要素：

- ウォームアップでは、前方、後方、側方の流水を用いて、ハーフスクワットの姿勢で前方、後方、側方に歩行する。

- 前方、後方の流水を用いて、前方や後方への歩行およびマーチング動作をする。さらには、マーチング動作時に挙上側大腿部の下で両手を叩きながら歩行する。

- 前方、後方の流水を用いて、前方や後方への通常歩行をし、さらに、脚を伸展した状態で前方や後方への歩行を行う。

- 前方、後方の流水を用いて、梨状筋歩行（梨状筋を伸ばすため4の字に脚を組みながら歩行）を前方および後方に行う。

- 機能的スクワットの姿勢を改善するために、層流の中でウォールスライドあるいは機能的スクワットをプール中央のエリアやベンチで行う。

- 流水を用いて体幹の安定化を図りながら、ワークステーションやステップ上での股関節屈曲筋群とハムストリングスのストレッチを行う。

- 前後からの流水を用いて、ビート板を水中の下方に押す動作を伴いながら立位姿勢を保持する。そして、その動作を伴いながら前後に歩行する。

- 前後からの流水を用いて、ビート板を水中で押し引きしながら立位姿勢を保持する。そして、その動作を伴いながら前後に歩行する。

- 前後からの流水を用いて、闘牛士のようにビート板を構え、立位姿勢を保持しながら前後に歩行する。

- 層流に対して、脚を伸展した状態で股関節を4方向（屈曲、伸展、外転、内転）へ動かすことで体幹の安定化を図る。

- 層流に対して、上半身エクササイズを行うことで体幹の安定化を図る。

- バーベルやヌードルを用いて、垂直方向の体幹の安定化を図る。

- 手すりを持って、振り子のように体を上下左右に振る。

- 手すりを持って、スパイダーマン姿勢で体を後方に預け腰背部のストレッチを行う。

- 心肺機能プログラムとして、適切なアライメントで体幹を安定させて、層流を用いた深水でのランニングやアクアバイクを行う。

陸上での構成要素：
- 持久力を向上させるためのエクササイズに加えて、疼痛を軽減させるために電気刺激治療等による物理療法を行う。
- 深部の股関節外旋筋群、股関節屈筋群、ハムストリングスの柔軟性を向上させるためにゆっくりとストレッチをする。
- 仰臥位において、軽度の腰椎の安定化エクササイズ（多裂筋、腹横筋、脊柱起立筋を含む）を開始する。
- 持久力エクササイズとして、トレッドミルでのウォーキングやニューステップでのエアロバ

イクを開始する。
- 体幹の安定化を向上させるために、必要に応じて腰部コルセットを使用する。
- 伏臥位での就寝は避け、立位と仰臥位での腰椎のニュートラルなポジションを教育する。
- 持ち上げ動作を行う際には、脊柱をニュートラルポジションにし適切な動作をすることで日常生活動作を軽減する。
- 自宅で柔軟性エクササイズおよび筋力強化エクササイズを行う。

## (3) 2〜4週目

目標：
1. いかなる姿勢においても脊柱のニュートラルポジションを保持する
2. 体幹筋力が十分に改善するまで、日常生活動作や持ち上げ動作の制限を自己管理する
3. レクリエーション活動や職場復帰の計画を立てる
4. 自宅で疼痛に対処できる
5. 自宅でのエクササイズやバランスボールエクササイズ、ウォーキングプログラムを自分で実施できる
6. 前屈をする際に、スムーズな腰椎の後弯動作が見られる
7. 必要に応じて腰部コルセットを使用する

水中での構成要素：
- 前方、後方、側方の流水を用いて、ハーフスクワットの姿勢で前方、後方、側方に歩行することでウォームアップを継続する。
- 1週目で行った動的ストレッチエクササイズを継続する（マーチング動作をしながら挙上側大腿部の下で手を叩く、膝伸展した状態で歩行、4つ数えながら歩行キック、股関節屈曲筋群のストレッチ）。

- 体幹の安定化エクササイズを継続する（流水の中で、ビート板を下方に押し下げる動作、ビート板を押し引きする動作、そして闘牛士動作を行う）。

- 前後、左右からの流水を用いて、ビート板で前方、後方、側方に雪かき動作を行う。

- メディスンボールを用いて以下のエクササイズを行う。1)ボールを持って機能的スクワット、2)ワークステーションで前後、左右にステップアップ、3)体幹を回旋しながら前方、後方のウォーキングランジ、4)前方からの流水に対して、対角線上でのチョップ動作をしながらウォーキングランジ、5)側方からの流水に対して、立位でのチョップ動作を行う。

- 脊柱のアライメントと姿勢の安定化を意識しながら、壁に対するプッシュアップからメディスンボール（1個あるいは2個）に手を置いたプッシュアップへと進展させる。

- 前方、後方からの流水を用いて、ワークステーション上でプランクをする。
- 前方からの流水の中で、バーベルやダンベルを用いて垂直位から仰臥位、仰臥位から垂直位の姿勢を繰り返す。

- 深水に浸かって、体幹の安定化エクササイズを継続する。
- 多方向への複合エクササイズを以下の通り行う。1)スクワットをしながら肩関節屈曲・伸展・外転・内転、2)ランジをしながら肩関節水平内転・外転、3)シャドーボクシング（ジャブ、アッパーカット、コンビネーションパンチ等）を行う。

- 痛みの許容範囲に応じて、流水を利用して、伏臥位で手すりを持って懸垂を行う。

- 層流の中で、ワークステーションを用いて、職業に関連する動きや道具を操作する動作を取り入れたエクササイズを行う。
- 浅い水深で水中ランニングを導入し、段階的に流水抵抗を増やしながら心肺機能エクササイズを継続する。

※もし可能であれば、層流の中で、フィン、フロート、ハイドロトーンなどを用いることで難易度を上げることができる。

陸上での構成要素：
- 腰椎の安定化のために、仰臥位での安定した表面から不安定な表面でのエクササイズを行い、さらには仰臥位から立位でのエクササイズに発展させる。腰椎に負担をかけることなく、脊柱の屈曲動作だけに偏らないように徐々にエクササイズを行う。また、股関節屈筋群の強化は避ける。
- 自宅でのエクササイズプログラムや残存する筋緊張を緩和する治療を自分で実施する。
- 10～30分程度のウォーキングやエアロバイクによる持久力エクササイズを自分で実施する。
- 患者への教育として、静的および動的な腰椎のニュートラルポジションを理解させ、軽度の持ち上げ動作や日常生活動作を十分に注意するように指導する。
- 痛みの許容範囲に応じて、腰部コルセットの使用を減らす。

## （4）5週目～退院

目標：
1. レクリエーション活動や職業復帰について検討する
2. 正常な腰椎の前弯を確保し、立位での疼痛がない
3. 前屈時にスムーズな腰椎の後弯動作が見られ、指先が下腿の遠位もしくは床に届く
4. 脊柱のニュートラルポジションを保持しながら、バランスを崩さないでフルスクワットができる
5. 必要に応じて、疼痛を自己管理できる
6. 多裂筋のテストにおいて、立位での回旋抵抗に対して耐えることができる

7. 自宅でのエクササイズやウォーキングプログラムを自分で実施できる
8. 段階的に職場復帰できる
9. 必要に応じて、理学療法以外の治療を照会する

水中での構成要素：
- 2〜4週目の治療を継続しながら、以下のエクササイズを追加する。
- 前方、後方からの流水を用いて、ビート板で前方および後方に雪かき動作を行う。
- 前方からの流水に対して、1〜3kgのメディスンボールを用いて体幹の安定化エクササイズ（ボールトス、チェストパス、片手もしくは両手でのボールプッシュ等）を行い、腰椎の安定化および固有感覚受容器の機能向上を図る。

- ワークステーション上でメディスンボールに両手を置いて、プッシュアップ姿勢を取り、片手を離して回旋運動を行う。必要に応じて、流水を用いて行ってもよい。

- 手すりに足をかけて伏臥位になり、流水の中でメディスンボールエクササイズを行う。例えば、メディスンボールを用いてプッシュダウン、プッシュアップ、フライ、複合運動、回旋運動等を行う。

- 前方からの流水の中で、手すりを持って、スパイダーマン姿勢からスーパーマン姿勢に、スーパーマン姿勢からスパイダーマン姿勢に体位を変えることを繰り返す。

- 良好な脊柱のアライメントと体幹の安定化が獲得できたら、流水の中でワークステーションを用いて回旋動作を加えたプライオメトリックエクササイズを行う。

- 層流の中で、胸椎・腰椎の回旋運動を取り入れたボディブレードによるエクササイズを行う。
- 伏臥位あるいは仰臥位で手すりを両手で持って懸垂を行い、痛みの許容範囲に応じて層流の中で片手による懸垂へと発展させる。

  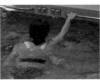 

- 層流の中で、様々な用具やワークステーションを用いて、心肺機能向上のためにサーキットやインターバルトレーニングを行う。

※もし可能であれば、層流の中で、フィン、フロート、ハイドロトーンなどを用いることで難易度を上げることができる。

### 陸上での構成要素：
- 必要に応じて、グレード1から3のモービリゼーションなどの徒手療法を行う。筋筋膜の痛みに対して、徒手療法や物理療法で対処する。
- PNF上肢・体幹パターンや可能な範囲で多面的なエクササイズへと移行する。また、腰椎の安定化のために、安定した表面から不安定な表面でのエクササイズに発展させる。
- 体幹の安定化を維持しながら、固有感覚受容器の機能向上エクササイズを行う。
- レクリエーション活動や職業に必要な持ち上げ動作や持久的要素の動作を取り入れ、適切な身体の動作機能を再確認する。
- 患者への教育として、脊柱に負荷がかかった状態での捻りや回旋動作を避けるように指導する。エクササイズ、趣味、そして日常生活において、脊柱を痛めないために体幹の強化を継続することの重要性を再認識する。

## ◆ 参考文献 ◆

[1] Bates, A. & Hanson, N. *Aquatic exercise therapy*. Philadelphia, PA, W. B. Saunders Company, 1996.

[2] 葛原憲治『スイメックスによるアクアエクササイズ―Brennan メソッド』唯学書房、2008.

[3] Becker, B. E. Aquatic therapy: Scientific foundations and clinical rehabilitation applications. *PM&R* 2009, 1: 859-872.

[4] Barbosa, T. M., Marinho, D. A., Reis, V. M., Silva, A. J. & Bragada, J. A. Physiological assessment of head-out aquatic exercises in healthy subjects: A qualitative review. *J Sports Sci Med* 2009, 8: 179-189.

[5] Masumoto, K., Takasugi, S., Hotta, N., Fujishima, K. & Iwamoto, Y. Electromyographic analysis of walking in water in healthy humans. *J Physiol Anthropol Appl Human Sci* 2004, 23（4）: 119-127.

[6] Shono, T., Masumoto, K., Fujishima, K., Hotta, N., Ogaki, T. & Adachi, T. Gait patterns and muscle activity in the lower extremities of elderly women during underwater treadmill walking against water flow. *J Physiol Anthropol* 2007, 26（6）: 579-586.

[7] Kaneda, K., Wakabayashi, H., Sato, D. & Nomura, T. Lower extremity muscle activity during different types and speeds of underwater movement. *J Physiol Anthropol* 2007, 26（2）: 197-200.

[8] Barbosa, T. M., Garrido, M. F., & Bragada, J. Physiological adaptations to head-out aquatic exercises with different levels of body immersion. *J Strength Cond Res* 2007, 21（4）: 1255-1259.

[9] Chevutschi, A., Lensel, G., Vaast, D. & Thevenon, A. An electromyograhic study of human gait both in water and on dry ground. *J Physiol Anthropol* 2007, 26（4）: 467-473.

[10] Broman, G., Quintana, M., Lindberg, T., Jansson, E. & Kaijser, L. High intensity deep water training can improve aerobic power in elderly women. *Eur J Appl Physiol* 2006, 98（2）: 117-123.

[11] Takeshima, N., Rogers, M. E., Watanabe, E., Brechue, W. F., Okada, A., Yamada, T., Islam, M. M. & Hayano, J. Water-based exercise improves health-related aspects of fitness in older women. *Med Sci Sports Exerc* 2002, 34（3）: 544-551.

[12] Taunton, J. E., Rhodes, E. C., Wolski, L. A., Donelly, M., Warren, J., Elliot, J., McFarlane, L., Leslie, J., Mitchell, J. & Lauridsen, B. Effect of land-based and water-based fitness programs on the cardiovascular fitness, strength and flexibility of women aged 65-75 years. *Gerontol* 1996, 42（4）: 204-210.

[13] Bocalini, D. S., Serra, A. J., Murad, N. & Levy, R. F. Water- versus land-based exercise effects on physical fitness in older women. *Geriatrics Gerontol Int* 2008, 8（4）: 265-271.

[14] Rodriguez, D., Silva, V., Prestes, J., Rica, R. L., Serra, A. J., Bocalini, D. S. & Pontes Jr, F. L. Hypotensive response after water-walking and land-walking exercise sessions in healthy trained and untrained women. *Int J Gen Med* 2011, 4: 549-554.

[15] Colado, J. C., Tella, V., Triplett, N. T. & Gonzalez, L. M. Effects of a short-term aquatic resistance program on strength and body composition in fit young men. *J Strength Cond Res* 2009, 23（2）: 549-559.

[16] Robinson, L. E., Devor, S. T., Merrick, M. A. & Buckworth, J. The effects of land vs. aquatic plyometrics on power, torque, velocity, and muscle soreness in women. *J Strength Cond Res* 2004, 18（1）: 84-91.

[17] Poyhonen, T., Sipila, S., Keskinen, K. L., Hautala, A., Savolainen, J. & Malkia, E. Effects of aquatic

resistance training on neuromuscular performance in healthy women. *Med Sci Sports Exerc* 2002, 34（12）：2103-2109.

[18] Graff, F. I., Pinto, R. S., Alberton, C. L., De Lima, W. C. & Kruel, L. F. M. The effects of resisitance training performed in water on muscle strength in the elderly. *J Strength Cond Res* 2010, 24(11): 3150-3156.

[19] Tsourlou, T., Benik, A., Dipla, K., Zafeiridis, A. & Kellis S. The effects of a twenty-four-week aquatic training program on muscular strength performance in healthy elderly women. *J Strength Cond Res* 2006, 20（4）：811-818.

[20] Colado, J. C., Triplett, N. T., Tella, V., Saucedo, P. & Abellan, J. Effect of aquatic resistance training on health and fitness in postmenopausal women. *Eur J Appl Physiol* 2009, 106: 113-122.

[21] Colado, J. C., Garcia-Masso, X., Rogers, M. E., Tella, V., Benavent, J. & Dantas, E. H. Effects of aquatic and dry land resistance training devices on body composition and physical capacity in postmenopausal women. *J Hum Kinet* 2012, 32: 185-195.

[22] Bergamin, M., Ermolao, A., Tolomio, S., Berton, L., Sergi, G. & Zaccaria, M. Water- versus land-based exercise in elderly subjects: effects on physical performance and body composition. *Clin Interv Aging* 2013, 8: 1109-1117.

[23] Thein, J. M. & Brody, L. T. Aquatic-based rehabilitation and training for the shoulder. *J Athl Train* 2000, 35（3）：382-389.

[24] Ariyoshi, M., Sonoda, K., Nagata, K. et al. Efficacy of aquatic exercises for patients with low-back pain. *Kurume Med J* 1999, 46: 91-96.

[25] Waller, B., Lambeck, J., & Daly, D. Therapeutic aquatic exercise in the treatment of low back pain: a systematic review. *Clin Rehabil* 2009, 23（1）：3-14.

[26] Kaneda, K., Sato, D., Wakabayashi, H., Hanai, A. & Nomura, T. A comparison of the effects of different water exercise programs on balance ability in elderly people. *J Aging Phys Act* 2008, 16（4）：381-392.

[27] Suomi, R. & Koceja, D. M. Postural sway characteristics in women with lower extremity arthritis before and after an aquatic exercise intervention. *Arch Phys Med Rehabil* 2000, 81: 780-785.

[28] Melzer, I., Elbar, O., Tsedek, I. & Oddsson, L. I. A water-based training program that include perturbation exercises to improve stepping responses in older adults; study protocol for a randomized controlled cross-over trial. *BMC Geriatr* 2008, 8: 19.

[29] Gappmaier, E., Lake, W., Nelson, A. G. & Fisher, A. G. Aerobic exercise in water versus walking on land: effects on indices of fat reduction and weight loss of obese women. *J Sports Med Phys Fitness* 2006, 46（4）：564-569.

[30] Bushman, B. A., Flynn, M. G., Andres F. F., Lambert, C. P., Taylor, M. S. & Braun, W. A. Effect of 4 weeks of deep water run training on running performance. *Med Sci Sports Exerc* 1997, 29（5）：694-699.

[31] Wilder, R. L., Moffit, R. J., Scott, B. E., Lee, D. T. & Cucuzzo, N. A. Influence of water run training on the maintenance of aerobic performance. *Med Sci Sports Exerc* 1996, 28（8）：1056-1062.

[32] Michaud, T. J., Brennan, D. K., Wilder, R. P. & Sherman, N. W. Aquarunning and gains in cardiorespiratory fitness. *J Strength Cond Res* 1995, 9（2）：78-84.

[33] Kamalakkannan, K., Vijayaragunathan, N. & Kalidasan, R. Analysis of aquatic and land training on selected physical fitness variables among volleyball players. *Rec Res Sci Tech* 2010, 2（4）：69-73.

[34] Stemm, J. D. & Jacobson, B. H. Comarison of land- and aquatic-based plyometrics training on vertical jump performance. *J Strength Cond Res* 2007, 21（2）：568-571.

[35] Hart, J. M., Swanik, C. B. & Tierney, R. T. Effect of sport massage on limb girth and discomfort associated with eccentric exercise. *J Athl Train* 2005, 40（3）：181-185.

[36] Zainuddin, Z., Newton, M., Sacco, P. & Nosaka, K. Effects of massage on delayed-onset muscle soreness, swelling, and recovery of muscle function. *J Athl Train* 2005, 40（3）：174-180.

[37] Connolly, D. A. J., Sayers, S. P. & McHugh, M. P. Treatment and prevention of delayed onset muscle soreness. *J Strength Cond Res* 2003, 17（1）：197-208.

[38] Bishop, P. A., Jones, E. & Woods, K. Recovery from training: A brief review. *J Strength Cond Res* 2008, 22（3）：1015-1024.

[39] Vaile, J., Halson, S. & Gill, N. Effect of hydrotherapy on the signs and symptoms of delayed onset muscle soreness. *Eur J Appl Physiol* 2008, 102: 447-455.

[40] Webb, N. P., Harris, N. K., Cronin, J. B. & Walker, C. The relative efficacy of three recovery modalities after professional rugby league matches. *J Strength Cond Res* 2013, 27（9）：2449-2455.

[41] Higgins, T. R., Cameron, M. L. & Climstein, M. Acute response to hydrotherapy after a simulated game of rugby. *J Strength Cond Res* 2013, 27（10）：2851-2860.

[42] Kuligowski, L. A., Lephart, S. M., Giannantonio, F. P. & Blanc, R. O. Effect of whirlpool therapy on the signs and symptoms of delayed-onset muscle soreness. *J Athl Train* 1998, 33（3）：222-228.

## ◆ あとがき ◆

　日本にSwimExプールが初めて導入されたのは、1997年9月のことである。プロ野球のチームでもなければ、Jリーグのチームでもなく、宮崎県の民間病院が最初に導入した。あれから18年が経過したにも関わらず、日本でのSwimExプールの認知度はまだまだ低い。近年、水を使った治療、リハビリテーションやコンディショニング効果が学術的に明らかにされており、SwimExというコンパクトな流水プールが医療機関やスポーツチームの施設内に設置されていることで、以前とは比べものにならないくらい早い時期にリハビリテーションが開始でき、早期復帰が可能となった。また、流水抵抗を用いた段階的負荷により定量的なプログラムが提供できるようにもなった。それ故、SwimExの導入がアメリカの4大プロスポーツ（MLB、NFL、NBA、NHL）や大学スポーツで急速に拡大していった。最近では、ヨーロッパのプロサッカーチームや米国オリンピックトレーニングセンターなどにも導入され、単なるコンパクトなプールという認識ではなく、むしろアクアリハビリテーション、競技特性に応じた機能的リハビリテーション、疲労回復を含めたコンディショニング、リラクゼーション、ダイエット、水泳など、総合的かつ機能的に優れたトレーニングマシーンであると言わざるを得ない。

　このような欧米での現状と比べると、日本のプロスポーツチームへの導入が大幅に遅れているのは非常に残念である。MLBの名門ヤンキースにもすでにスタジアム内にSwimExが設置されており、田中将大投手も今シーズンに故障した右肘のリハビリテーションのために活用したに違いない。また、MLBでは、早期リハビリテーションに加えて、試合登板した投手の疲労回復やシーズンを通してのコンディショニングにもSwimExが積極的に活用されている。

　日本のプロ野球では、2006年に阪神タイガース、2007年にオリックスバファローズの2チームに導入されているだけである。これまでに、MLBで賞味期限が切れたような外国人選手を獲得したり、他球団で放出された選手をFAやトレードで獲得したはいいが、金額に見合う活躍をしないことが頻発し、数億あるいは数十億円もの損失を出している球団は多い。その損失を考えると、その1/10から1/100以下の経費でSwimExは設置できる。このような誤った先行投資を改め、選手たちにとってより良い環境を整えるのが球団の重要な役割であることは言うまでもない。しかしながら、アクアセラピーやアクアエクササイズの適切な情報が、日本のスポーツ界に十分に伝わっていないこともその一因ではある。

　そこで、今回は、アクアセラピーやアクアエクササイズに関する最新の学術的情報を盛り込み、SwimExによるアクアセラピーやアクアエクササイズの普及・発展をすると共に、日本のスポーツ界で精進しているアスリートをはじめ、一般の健康維持・増進を目指している方々にも寄与することを目的として本書の出版に至った。本書が、日本のスポーツ界に一石を投じるきっかけとなり、スポーツ現場で働く専門家の方々への一助となれば幸甚である。

　最後に、本書出版にあたり、多大なご協力を頂いたSwimEx日本総代理店であるトランズコムのマーク・バクラ氏と安田浩一氏、唯学書房の伊藤晴美氏に心より感謝したい。なお、本書は、フレンズ・TOHO出版助成を受けて出版したものである。

2015年3月

葛原　憲治

## ◆ プロトコル担当者 ◆

### 第3章 上肢プロトコル …… 吉部 紳介（よしべ しんすけ）

1982年神奈川県生まれ、順天堂大学スポーツ健康科学部卒、テキサス工科大学健康科学センター大学院アスレティックトレーニング学科修了。現在、北海道日本ハムファイターズにてトレーナー。MLBオークランドアスレチックス傘下AAミッドランドロックハウンズにてストレングスコンディショニングコーチ兼アシスタントアスレチックトレーナー（2008～2009年）。NATA-BOC公認アスレティックトレーナー（ATC）、NASM公認パフォーマンスエンハンスメントスペシャリスト（PES）。

### 第4章 下肢プロトコル …… 井口 順太（いぐち じゅんた）

1976年東京都生まれ、同志社大学経済学部卒、ネブラスカ大学大学院アスレティックトレーニング学科修了、京都大学人間健康系博士課程後期修了（人間健康学博士）。現在、京都学園大学所属。同志社大学アメリカンフットボール部アスレティックトレーナー（2006～2014年）、NATA-BOC公認アスレティックトレーナー（ATC）、NSCA公認ストレングス＆コンディショニングスペシャリスト（CSCS）、NASM公認パフォーマンスエンハンスメントスペシャリスト（PES）。

### 第5章 体幹プロトコル …… 石原 慎二（いしはら しんじ）

1963年大阪府生まれ、ブリガムヤング大学ハワイ校体育教育学部卒。現在、トライアール（TriR）の代表。阪神タイガースにてアスレティックトレーナーやトレーニングコーチ等を歴任（1993～2013年）。NATA-BOC公認アスレティックトレーナー（ATC）。

## ◆ 編著者略歴 ◆

葛原　憲治（くずはら　けんじ）

1964年愛媛県生まれ、1983年防衛大学校理工学部を中退、1988年愛媛大学教育学部を卒業、1990年兵庫教育大学大学院学校教育研究科を修了、1990年大阪大学健康体育部運動生理学部門の助手、1996年ウェスタンミシガン大学大学院アスレティックトレーニング学科を修了。NATA-BOC公認アスレティックトレーナー（ATC）とNSCA公認ストレングス＆コンディショニングスペシャリスト（CSCS）資格を取得。1997～2000年オリックスブルーウェーブではコンディショニング・コーディネーターとして傷害予防とリハビリを担当。2000～2001年神戸製鋼ラグビー部ではトレーナーとして全国社会人ラグビーフットボール大会優勝および日本ラグビーフットボール選手権大会優勝のシーズン二冠に貢献。2001～2005年コクドアイスホッケー部では日本アイスホッケーリーグ3連覇、全日本アイスホッケー選手権大会2連覇、第2回アイスホッケーアジアリーグ優勝に貢献。2004年アイスホッケー世界選手権では日本代表トレーナーとして帯同。2005年王子製紙アイスホッケー部のストレングス＆コンディショニングコーチとしてオフシーズンおよびプリシーズンのトレーニングとコンディショニングを担当。2004年から2012年までJOC医科学スタッフとしてアイスホッケーをサポート。現在、愛知東邦大学人間学部人間健康学科、教授としてスポーツトレーナーコースを担当。

---

### スイメックスによるアクアセラピープロトコル

---

2015年3月31日　第1版第1刷発行　　　　　※定価はカバーに
　　　　　　　　　　　　　　　　　　　　　　表示してあります。

編著者 ── 葛原　憲治

発　行 ── 有限会社　唯学書房
　　　　　〒101-0061　東京都千代田区三崎町2-6-9　三栄ビル302
　　　　　TEL　03-3237-7073　　FAX　03-5215-1953
　　　　　E-mail　yuigaku@atlas.plala.or.jp
　　　　　URL　http://www.yuigaku.com

発　売 ── 有限会社　アジール・プロダクション
装　幀 ── 大野ユウジ（シー・オーツーデザイン）
印刷・製本 ── 中央精版印刷株式会社

©KUZUHARA Kenji 2015, Printed in Japan
乱丁・落丁はお取り替えいたします。
ISBN978-4-902225-95-2 C2075